PIECES LIBRES DE M. FERRAND,

Et Poësies de quelques autres Auteurs sur divers sujets.

A LONDRES,
Chez CODWIN HARALD,
MDCCXXXVIII.

PIECES LIBRES DE M. FERRAND.

Si tu veux, ſuivant ta chimere
Regner ſur le ſacré Vallon;
Parmi les Galants de ta Mere,
Ferrand, dis moi, quel eſt ton Pere
Et tu ſeras mon Apollon.

ECoutez-moi, vrais Enfans d'Apollon,
Doctes Rimeurs & joyeux Ecrivains,

J'ai

J'ai vu Phœbus dans le ſacré Vallon,
Pas ne croiez que ce ſont contes vains.
Oui, je l'ai vu: Nymphes & Dieux
Sylvains,
Suivoient ſe pas attentifs à ſes ſons
Rien ne chantoit que badines Chanſons,
Car Apollon quelquefois aime à rire.
Je l'écoutai, j'en retins les leçons,
Et d'après lui, j'oſe ici les écrire.

Au lit de mort une vieille à Confeſſe,
Qui cinquante ans ſous Venus travailla,
A Bourdalonë exageroit ſans ceſſe
Les doux plaiſirs dont amour la combla.
Oh! ça, lui dit l'Enfant de Loyola,
Songez à Dieu: je le voudrois dit-elle
Mais j'ai toujours un b.... de v... là
Meme en mourant qui me ... la cervelle.

Deux Cordeliers grands débrideurs de
Nonnes
A fraix communs deſſervoient un Cou-
vent,
Et dirigoient douze gaillardes Nones;
C'en

C'en étoit ſix pour chaque deſſervant.
L'un trépaſſa dans de rudes épreuves.
Moi, j'ai bon dos, dit l'autre ſurvivant.
Morbleu, je veux épouſer les ſix veuves.

Trois ſiécles différens ont produit à la fois
Martial, Horace & Pindare,
Quel ſiécle! ami, ſeroit plus rare
S'ils étoient raſſemblez tous trois!
Rouſſeau, nul autre, ce me ſemble,
Au notre ne peut-être égal,
Puiſque dans toi ſeul il raſſemble,
Pindare, Horace & Martial.

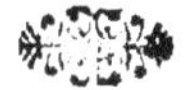

Le Tragicomique Danchet,
Dont le fiel contre moi s'allume,
S'exprime à peu-près de ſa plume,
Comme un Savetier du tranchet.
L'un fait des ſouliers & des ....
Souliers qu'il vend cher aux badauts,
Et l'autre ne fait point de piéces
Que de piéces & de morceaux.

Un beau Chartreux Moine Napolitain,
Fut pris ſondant ſon Prieur D. Jerôme.
On le conduit au Métropolitain,
C'a votre nom, dit l'Evêque, D. Cosme;
Votre péché quel eſt-il! de Sodome;
Votre âge quel! il eſt de vingt-huit ans;
Moine de quand! dès mon plus jeune
tems;
Dans le Couvent qu'êtes-vous! Oeco-
nome;
Ah! dit alors l'Evêque entre ſes dents
Bien payerois un pareil Majordome.

Pere Macaire en un coin inſtruiſoit,
En l'embraſſant, fille ſimple & gentille:
Mais cependant qu'il la catéchiſoit
Ce que ſçavez croiſſoit ſous ſa mandille:
Que ſens-je là? Pere, lui dit la fille,
Après avoir ſon *pater* achevé,
Je ne ſçais quoi là-deſſous s'eſt levé,
Qui me repouſſe, Ah! dit Pere Macaire,
Serrez le bien & dites votre *Ave*,
De S. François c'eſt le grand reliquaire.

Non-

Nonnain ferluë & Frere Roidinet
S'eſcarmouchoient de la belle manière:
Comme un verrat le bon frere écumoit,
La bonne ſœur s'eſcrimoit du derriere:
Mais quand venoit à l'extaſe derniére,
Comme un Payen le frappart blaſphê-
moit.
Ah! quel péché dit lors la mijaurée,
Tels juremens vous damneront. Hélas!
Dieu permet bien que prenions nos ébats,
Mais pour guérir mon ame timorée,
Frere très cher, hélas! ne jurez pas.

Un maltotier gourmandoit des manœu-
vres,
Qu'il avoit fait travailler à ſon fief,
Pour élever poteaux & hautes œuvres,
Croïant par là ſe donner du relief.
Par S. Matthieu pareille Maſſepierre,
S'écria-t-il ne durera vingt ans.
Ah! Monſeigneur, lui repart Maitre
Pierre,
C'en ſera là pour vous & vos Enfans.

Dans un festin donné par la jeunesse
Aux deux amans que Vulcain surprit nus,
Pour servir Mars, pour servir sa maitresse,
Amours badins furent tous retenus ;
Si devoient, ils par Hebé soutenus,
Ne célèbrer que la fille de l'Onde.
Mais les fripons laissant Dame Venus
Chanterent... qui ! chanterent Rupel-
monde.

Quand Apollon avec le Dieu de l'onde
Vint autrefois habiter ces bas lieux,
L'un sçut si bien cacher sa tresse blonde,
L'autre ses traits, qu'on méconnut les
Dieux.
Mais c'est envain qu'abandonnant les
Cieux,
Venus comme eux veut se cacher au
monde,
On la connoit au pouvoir de ses yeux,
Lorsque l'on voit paroitre Rupelmonde.

Un Mathurin redempteur aſſidu,
Pour convertir un Turc, lui diſoit comme
Adam mangeant de ce fruit défendu,
Nous damna tous ; que Dieu s'étant fait homme
Pour nous ſauver fut en croix ſuſpendu.
Donc dit le Turc, ſi j'ai bien entendu,
Votre Dieu fut pendu pour une pomme.

Avec un bon ... long d'un aulne
Et dont la mine ragoutoit
Le Capucin Blaiſe .....
Une venerable matrone.
Mais par reſpect notre vieux Faune,
N'oſoit lui mettre juſqu'au bout.
Par la morbleu mettez le tout,
Dit elle au pudibond Priape,
Un bon ... d'ane quand il ...
Fait plus d'honneur qu'un ... de Pape.

Anne, dit-on, médit de moi,
Et me ſouhaitte en un huitain,

Tous les maux qu'elle craint pour ſoi,
Et qu'elle aura pour le certain.
Mais Anne me maudit en vain:
De ce ne ſuis épouvanté,
Malédictions de p...
Sont Oraiſons pour la ſanté.

Après confeſſe à travers un parloir
La ſœur Colette entretenoit Pere Ange,
Eſt-ce un péché, dit-elle au Frere Noir
De ſoi grater quand le nombril démange?
Oui, c'eſt péché, ne fût-ce qu'un moment,
Nos Corps ne ſont que bouë & que ſouillures,
Et quel qu'en ſoit le deſir véhément,
Ne faut ſur ſoi porter ſes mains impures.
Lors ſe levant & trouſſant ſes habits,
Grattez-moi donc, dit Colette au P. Ange,
Vous Pere en Dieu dont les doigts ſont benis;
Mais grattez fort, car bien fort me démange.

Aſtrée un jour s'enquit du Médecin

Quel

Quel tems étoit à l'amour plus propice,
L'ébat, dit-il, au matin eſt plus ſain,
Mais vers le ſoir, il a plus de délice.
Oracle ſur! ſavante faculté!
Bien répondu! Depuis ce tems Aſtrée
Chaque matin le fait pour la ſanté,
Pour le plaiſir le fait chaque ſoirée.

Lorſque les deux Anges blondins,
Aux Sodomites apparurent,
Deux des plus nobles Citadins
En rut auſſitôt accoururent.
Les Anges eurent beau voler
Les b... pour les enculer,
A leurs dos ſi fort ſe lierent,
Qu'emportez-là haut tout brandis,
En dechargeant ils s'écrierent,
Ah, nous ſommes en Paradis.

Thamire au gré de mes deſirs,
J'ai cru vous voir abandonnée,
J'ai cru m'enyvrer des plaiſirs
De la nuit qui ſuit l'hymenée;
Mais à mon reveil j'ai connu,

Que

Que je m'étois entretenu
D'illusions & de mensonges.
Que j'aurai de félicitez!
S'il est vrai ce qu'on dit des songes,
Qu'ils promettent des véritez.

Le Frere Luc aiant mis bas bissac,
Froc & manteau pour la Dame de Bec
Bien l'exploitoit au fonds d'un cul de sac,
Main sur tetin, œuil contre œil, langue en bec.
Puis tout à coup Luc d'un goût un peu grec,
La vire droit, fiche où sçavez son pic.
Pour l'en ôter, sifflant comme un aspic,
La Dame alloit & de taille & d'estoc,
Se remuant. Sacré froc d'Habacuc!
Trop bien allés lui dit le porte froc,
Mieux qu'un Prelat vous traités frere Luc.

Il n'en est plus, Thamire, de ces cœurs
Tendres, constans, incapables de feindre,
Qui d'un ingrate épuisant les rigueurs
Vi-

Vivoient contens & mouroient ſans ſe plaindre.
Les feux d'amour alors étoient à craindre:
Mais aujourd'hui les feux les plus conſtans,
Sont ceux qu'un jour voit naitre & voit éteindre,
Hélas! pourquoi ſuis-je encor du vieux tems?

Blaiſe conſultant ſes amis
Sur une affaire d'importance,
Leur diſoit, vous m'avez promis
Dans mes beſoins votre aſſiſtance.
Jean l'un deux lui dit auſſi-tôt
Qu'eſt-ce donc Blaiſe qu'il vous faut,
Quel trouble agite ainſi votre ame!
Eſt-ce du bien qu'on vous ravit?
Blaiſe répond, j'ai mal au ...,
Dois-je à préſent baiſer ma femme?
Malepeſte, que dites vous,
Dit Jean, c'eſt pour nous perdre tous.

Vous

Vous bûvez d'un vin, moi d'un autre,
Et mon plat n'eſt jamais le votre,
Quand vous me donnez un repas.
Ce procedé me ſemble étrange,
Faut-il quand avec vous je mange,
Qu'avec vous je ne mange pas.

Pour une mauvaiſe chanſon,
Paul s'imagine être un Virgile,
Ainſi qu'il ſe croit un Achille,
Pour une bleſſure au talon.

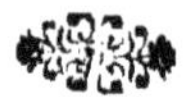

Au rendez-vous dès le matin donné,
Vint une belle yvre du vin nocturne,
Dont le galant ſe trouvant étonné,
A la tancer point ne fut taciturne.
Morbleu! dit-il, chauſſant ſon grand
Cothurne
Ce n'eſt aimer que s'enyvrer ainſi.
Ce trait eſt noir, Oh! oh, nous y voici,
Reprit la Dame. Eh! par le grand
S. Jaques!

Vous

Vous ſemble-t-il que nous ſoions ici
Venus tous deux pour y faire nos Pâ-
ques?

Belle juppe, beaux Cotillons
On remarque aux filles de joïe:
Tout le reſte eſt en guenillons,
Gands, manchons, ſouliers, pe-
tite oïe.
Alix dit que c'eſt la raiſon
Que ſon devant ſoit le plus leſte,
Puiſqu'il eſt maitre en la maiſon.
Et qu'il fait aller tout le reſte.

L'INTERROGATOIRE.

Un vieux juge informant d'un viol fait
ſur les lieux
Interrogeoit ſur ce fillette à porte cloſe:
Sotte, il eſt vrai, d'eſprit, mais fraiche
comme roſe.
C'étoit morceau friand; auſſi déjà des
yeux,
Le ribaud la convoite, & pour l'abuſer
mieux,

Tout

Tout ce qu'à l'accusé la belle avoit vu
faire,
Le paillard le faisoit, caressoit la commere,
Prenoit ses blancs tetins, levoit son
tablier,
C'a dit-il entre nous fit-il pas autre chose?
Eh! oui, dit-elle, il mit .... mettons
donc, & pour cause.
Un juge comme moi ne doit rien oublier.
Jean qui devoit après déposer sur l'affaire,
Par la porte de l'huis avisa le mystere,
Et lors pour déloger ne se fit pas prier.
Tous les autres témoins avoient beau lui
crier,
Eh! pour Dieu, Jean reviens. A d'autres, dit-il, Diantre,
J'ai vu ce que j'ai vu, grand merci de
vos soins,
Le Diable m'emporte si j'entre,
On y ch.... les témoins.

Jadis logeoit près d'un Couvent femelle
Certain quidam friand d'un tel gibier.
Or là dedans chaque nuit sans chandelle

Par

Par l'huis ſecret entroit maint Cordelier.
Si faut-il bien, dit-il, de cette porte
Uſer auſſi: pour ce mit une nuit
L'habit clauſtral, & parmi la cohorte
Deſſous le froc fut d'abord introduit.
Or il n'entroit qu'autant de beats peres
Qu'elles étoient de reverendes meres.
Fixe en étoit le nombre au rendez-vous.
Chacun trouvoit toujours même monture,
Et là par rangs ils ſe pourvoïoient tous.
Avint qu'enfin Frere Bonaventure,
Ne trouva point giſte. Ouais, qu'eſt-ceci?
S'ècria-t-il, puis le long de la ſalle &c.

LA PRESOMPTION HUMILIE'E.

CONTE.

Certain autel de Royale fabrique
A pour tableau l'Annonciation.
Voiant la Vierge un Vieillard Seraphique
Du feu charnel ſentit l'émotion.
Si forte en lui fut la tentation,
Qu'avec ſcandale il quitta le myſtere.

Fi ! quelle horreur ! dit un Jésuite austère,
Onc pour tableau tel penser dissolu
Ne m'aviendra : qu'on allume le Cierge,
Vierge ne crains. Le beat résolu
Sans rien sentir considere la Vierge :
Mais il vit l'Ange, & le voilà pollu.

CONTE.

En l'âge d'or que l'on nous vante tant,
Où l'on aimoit sans loix & sans contrainte,
On croit qu'Amour eut un regne éclatant.
C'est une erreur, il fut si peu content,
Qu'à Jupiter il porta cette plainte.
J'ai des sujets, mais ils sont trop soumis,
Dit-il ; je regne & je n'ai point de gloire,
J'aimerois mieux domter des ennemis.
Je ne veux plus d'empire sans victoire.
A ce discours Jupin réve & produit
L'austere honneur, l'épouvantail des belles,
Rival d'Amour & Chef de ces rebelles
Qui font beaucoup avec fort peu de bruit.
L'Enfant mutin le considére en face,
De près, de loin, & puis faisant un saut
Pere des Dieux, dit-il, je te rens grace,
Tu m'as fait là l'ennemi qu'il me faut.

Bru-

EPIGRAMMES.

Brulé du feu de la Concupiſcencc,
Frere Thibault courut à ſon gardien ;
Jeunez, mon fils, lui dit la Révérence.
Thibault jeûna ; le jeûne ne fit rien.
Lors derechef Thibault ſe plaint: eh bien!
Joignez au jeûne & diſcipline & haire,
Dit le vieillard ; mais las le pauvre hére
Sentit ſa chair encor plus regimber.
Vertu de froc ? ſuccombez y donc frere,
Tant que d'un an n'y puiſſiez retomber.

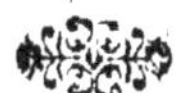

Robin cherchant avanture charnelle
Preſſoit au bal tendron de quatorze ans,
Qui ſous l'habit de gente Demoiſelle
Lui dit calmez ces deſirs violens ;
Point ne férez ici d'exploits galans,
Mâle je ſuis. Robin ne ſe dérange,
Et s'écria les yeux étincelans,
Ainſi ſoit-il ! parbleu je gagne au change.

Pour quelque tems Apollon voudrois
être,

Non pour desir d'éclairer l'Univers,
Non pour tirer flêches, ni pour connoitre
Simples cachez & leurs effets divers.
Non que je veuille o puissant Dieu des vers,
Regler les rangs qu'à ton gré tu décernes.
Mais nettoyant le Pinde & ses cavernes,
Je ne voudrois qu'en chasser un monceau,
Un vil essain de Poëtes modernes,
Pour n'y laisser que la Mothe & Rousseau.

Un jour auprès d'un aveugle en priére,
Au coin d'un bois Jean du malin pressé
Mit bas Alix gentille chambriere,
Et l'exploita dans le fond d'un fossé.
L'aveugle écoute, & d'un ton plus baissé
Va marmotant l'Avé de notre Dame.
Ah? je me meurs, dit Alix qui se pasme,
Moi reprit Jean, suis déja trepassé.
L'aveugle dit, Dieu veuille avoir votre ame,
Et requiescant in pace.

Pour

Pour confesser femelle de vingt ans
Par un matin arriva pere Antoine.
Près de son lit d'abord s'assit le moine,
Mais tôt après le ribaud fut dedans.
Frere Lubin avec des yeux ardens
Voïoit le tout de loin par la fenêtre,
Helas! dit lors Lubin entre ses dents,
N'aurai-je point le bonheur d'etre
Prêtre?

LE LUXURIEUX, COMEDIE EN UN ACTE.

Par LE GRAND.

SCENE PREMIERE,

VALERE, ISABELLE,

ISABELLE.

Vous verrai-je toujours plongé dans la luxure,

VA-

VALERE.

Que voulez-vous ma ſœur? je cede à la
nature.
Vous le ſçavez chacun a divers appetits,
Vous êtes pour les grands, je ſuis pour
les petits....
J'entends les grands repas.

ISABELLE.

Que voulez-vous entendre!
Mon frere en verité je ne ſaurois comprendre.

VALERE.

Vous ne ſauriez comprendre! avez-vous
point dequoi!
J'entends un grand eſprit.

ISABELLE.

Vous vous moqués de moi.

VALERE.

Si vous ne comprenez....

ISABELLE.

Quels diſcours ſont les votres ?

VALERE.

Vous les pourriez du moins faire comprendre à d'autres.

ISABELLE.

Contre les voluptez j'ai toujours combatu,
Et ſi quelques deſirs attaquent ma vertu,
C'eſt en dormant. Jamais, je n'en ſuis conſentante.

VALERE.

Votre pollution eſt toujours innocente:
Je vous entends.

ISABELLE.

Mais vous toujours luxurieux,
On vous voit nuit & jour hanter les mauvais lieux.
Les femmes de ce tems épuiſent bien les bourſes.

VALERE.

Dans les miennes, ma sœur, j'ai de grandes ressources.
Sans m'épuiser j'en puis tirer ce que je veux.

ISABELLE.

Mon frere ne vérité vous êtes bien heureux.
Celles que vous payez sont encor plus heureuses.

VALERE.

Je sçai les rendre aussi ma sœur bien amoureuses.

ISABELLE.

Mais c'est de votre argent

VALERE.

Ah! ne le croyez pas,
Elles trouvent en moi, ma sœur d'autres appas.

ISABELLE.

Quoi vous me ſoutiendrez que cette
Chaircuitiere
N'eſt pas intereſſée !

VALERE.

Ah ! ma ſœur au contraire,
Elle a le cœur ſi bon qu'en mille occaſions
Pour avoir une andouille elle offre deux
Jambons.

ISABELLE.

Je devine à peu près ce que vous voulez
dire
Et la ſimilitude a dequoi faire rire.

VALERE.

Où donc eſt le plaiſant en ce que l'on
vous dit ?

ISABELLE.

Vous envelopez tout avecque tant
d'eſprit....
Deux Jambons, une andouille: allons
paſſons mon frere,

Cet-

Cette explication n'eſt pas fort néceſſaire,
Et malgré ma pudeur... mais voici Paillardet.

SCENE II.

VALERE, ISABELLE, PAILLARDET.

VALERE.

EH! bien as-tu rendu ce matin mon
billet?

PAILLARDET.

Oui, Monſieur cette nuit vous pourez
voir Julie,
Madame Pommelée en vos mains la
confie.

VALERE.

As-tu vu la Fillon? Me féra-t-elle voir
La brune en queſtion?

PAIL-

PAILLARDET.

Oui vous l'aurez ce ſoir,
Et j'ai vu tout d'un tems Madame Mothe verte.
Elle a, m'a-t elle dit, fait une découverte
D'un tendron de quinze ans ; ce ſera pour midi.
Voilà grace à mes ſoins ce jour ci bien rempli.

VALERE.

Songez donc à demain.

ISABELLE.

En verité mon frere
Vous vous allez tuer. Je vous le réitere,
Si j'en faiſois autant je ſerois ſur les dents.

VALERE.

Vous le croyez ma ſœur, allez ce paſſe-tems,
Conſerve la ſanté. Regardés vos voiſines
Madame Gobe-dru, Mad. Grippe Pines,
La Comteſſe d'Aſſaut, la Marquiſe Cognard.

Ce

Ce jeu que vous blamez les rend graſſes
à lard.

I S A B E L L E.

Je ne le blâme point, mais je ſuis aſſez ſage
Pour ne le point gouter que dans le mariage.

V A L E R E.

Eh bien mariés vous, j'en demeure d'accord,
De vous en empêcher j'aurois certes grand tort.
Quel mari prendrez vous? eſt-ce le Capitaine.

I S A B E L L E.

Non nous ſommes brouillés depuis une ſemaine.

V A L E R E.

Pourquoi donc?

I S A B E L L E.

Il m'a fait le plus infame tour
Qu'on

Qu'on puisse jamais faire, il passoit l'autre jour,
Avec sa Compagnie au bas de ma fenêtre.
C'étoit le jour de l'an: dès qu'il me vit paroitre,
Il présente sa pique il en fait mille tours,
Me saluant au son des fifres & tambours.
De cette honnêteté j'étois assez contente,
Mais à peine fut-il à la porte d'Orante,
Qu'il aime depuis peu, qu'avec un grand fracas
Il fait en même tems tirer tous ses Soldats,
Ah! j'en suis enragée.

VALERE.

He quoi cela vous pique.

ISABELLE.

Comment donc? devant moi venir branler la pique,
Pour aller décharger ailleurs!

VALERE.

Le trait est noir

ISA-

ISABELLE.

Non mon frere jamais je ne veux le revoir
Ce ſont de ces affronts que jamais on
n'efface.

VALERE.

Ainſi donc vous prendrés l'Avocat en ſa
place.
Mais c'eſt un ignorant.

ISABELLE.

Pas tant que l'on le croit
Il s'offre nuit & jour à me montrer le
Droit,
Il debute par là.

VALERE.

Pourvu qu'il continue,
Vous ſerés avec lui paſſablement pourvue.
Vous concevrez bientôt.

ISABELLE.

Oui. J'ai l'eſprit ouvert
Et de ce que j'y mets jamais rien ne ſe
perd.

VA-

VALERE.

Allez donc au plutôt finiſſez cette affaire,
Adieu ma chere Sœur,

ISABELLE.

Juſqu'au revoir mon frere.

SCENE III.

VALERE, PAILLARDET.

VALERE.

ENfin nous ſommes ſeuls, il faut te découvrir
Un deſſein que j'ai fait pour me bien rejouir.
J'aime depuis huit jours une jeune innocente,
Que tu ne connois point. Elle eſt toute charmante.
Mais je n'en puis venir à bout ſans l'épouſer.
Il faut cher Paillardet m'aider à l'abuſer,
J'ai

J'ai dit que ſon Tuteur étoit homme in-
traitable,
Qu'il ne ſouffriroit pas une union ſem-
blable ;
Mais que pour le tromper j'avois un au-
monier,
Qui tous deux en ſecret pourroit nous
marier.
Elle en eſt conſentante, il faut je t'en
conjure,
Que de cet aumônier tu prennes la figure
Et tu nous mariras.

PAILLARDET.

Oui dà je le veux bien.
Le tour ſera bouffon.

VALERE.

Pour qu'il n'y manque rien
Il faudra deux témoins à ce que j'imagine.

PAILLARDET.

Eh bien! prenons Courtaut avec que la
Babine,
Ils ſont de nos amis, & leur plus grand
deſir,

Eſt dans l'occaſion de nous faire plaiſir.

VALERE.

Mais il nous faut quelqu'un pour faire le Notaire,

PAILLARDET.

Oh! quand à celui-là Monſieur, j'ai votre affaire,
Pouſſe mon Camarade, il fut Clerc ci-devant.
Pour dreſſer un contract il eſt aſſez ſçavant,
Mais quand vous ſerez las de tout ce badinage.....

VALERE.

Tu prendras cette fille après en mariage.

PAILLARDET.

Moi, Monſieur?

VALERE.

Pourquoi non? va tu ſeras content.

PAIL-

PAILLARDET.

Mais, dites moi, Monſieur, a-t-elle du
comptant?

VALERE.

Je croi ſon fond petit.

PAILLARDET.

Moi, j'ai fort peu d'avance.
Je ne veux pas, Monſieur, vivre dans
l'indigence.

VALERE.

Elle a cinq cens écus.

PAILLARDET.

Je n'en ai gueres plus,
Voyez quand nous aurions enſemble
mille écus
Que Diable ferions nous?

VALERE.

Ne te mets point en peine,

Laiſſe moi ſeulement prendre mon droit
d'aubeine,
Tu ſeras ſatisfait. Va donc chez un fripier
Louer tout au plutôt un habit d'aumônier.
Moi je prends le moment que ma ſœur
eſt abſente,
Pour aller là dedans ſonder notre Ser
vante.
Elle eſt farouche un peu, mais je crois
après tout,
Qu'avec quelques efforts, j'en viendrai
bien à bout.
Sinon j'irai chercher quelque dondon jolie
Pour pelotter toujours en attendant
partie.

SCÈNE IV.

PAILLARDET *ſeul.*

IL ira pelotter! je devine bien où
Ah! qu'il ſçait bien la paume! il tire
droit au trou,
Quelquefois au dernier il ſçait prendre ſa
biſque,
Saiſir la bale au bond ſans courir aucun
riſque.

Il force rudement, il a de ſi grands coups
Que qui joue avec lui toujours a le deſſous.
Mais que vois-je? Quelle eſt cette Beauté charmante?
Je ne la connois point, ſeroit-ce l'innocente?

SCENE V.

AGNE'S, BIBI, PAILLARDET.

AGNE'S.

MOnſieur Valere,

PAILLARDET.

Il ſort dans ce même moment.
Je ne me trompe point c'eſt elle aſſure-
ment.

AGNE'S.

Reviendra-t-il bientôt?

PAILLARDET.

Il ne tardera guére
Avez-vous avec lui quelque importante affaire?

AGNE'S.

Oui Monſieur, mais pourquoi me regardés vous tant?

PAILLARDET.

Je croyois vous connoitre,

AGNE'S.

Il ſe pourroit: pourtant
Cela me ſurprendroit, je ſuis ſi peu connue,
Je ne fais que ſortir du convent.

PAILLARDET.

L'Ingenuë!

AGNE'S.

J'étois venue ici pour me faire épouſer.

PAIL-

PAILLARDET.

Eh bien pour cet éfet daignés vous reposer.
Je vais chercher Valere.

SCENE VI.

AGNE'S, BIBI.

AGNE'S.

AH! ma chere Cousine

BIBI.

Eh! comment donc? toujours je te verrai chagrine?
Pourquoi tant de soupirs?

AGNE'S.

Mon mal n'est point petit,
Si tu savois quel songe a troublé mon esprit,
Tu serois effrayée autant que moi je gage.

BIBI.

A raconter ſes maux ſouvent on les ſoulage.

AGNE'S.

Mon ſonge eſt bien étrange & je ne penſe pas,
M'être jamais trouvée en un tel embaras.
Je l'ai vu cette nuit cet amoureux Valere
Un poignard à la main & tout pret à me faire,
Quelque ſanglant outrage : il n'étoit point vètu
De ſes habits dorés. Il m'a paru tout nu,
J'ai pali, j'ai rougi, de honte à cette vue
Je me ſuis écriée, hélas ! Je ſuis... perdue.
Mais lui ſans s'étonner, il faut paſſer le pas,
M'a-t-il dit. Ah Valere aimés vous les combats ?
Ai-je dit, c'eſt ailleurs que vous devez combatre,
Car tout du premier coup vous me pouriez abatre.
Enfin pouſſant ſa pointe & ſuivant ſon tranſport,

Il

Il ma prise à la gorge, & du premier effort,
Il m'a mise par terre & m'ayant renversée
Du poignard qu'il avoit m'a coup sur
coup percée.
Tout ce que je sentois m'empêchoit de
parler,
A peine mes soupirs se pouvoient exhaler:
Pourtant à mon secours j'ai reclamé mon
Pere,
Hélas! dans ce moment il poignardoit
ma Mere,
Il ne m'écoutoit pas. Poursuis donc in-
humain,
Puisqu'on te laisse faire, acheve ton
dessein,
Ai-je dit au cruel; égorge la victime.
Enfin jusques au bout ayant poussé son
crime,
Sans vie il m'a laissée après ce long
combat
Et je me suis trouvée en un piteux état.
Je me suis éveillée accusant la nature,
De m'avoir abusée avec cette imposture.
Je ne sçai ni comment, ni quand s'est fait
cela,
Mais je sais que j'étois en eau sortant de là.
Voilà quel est mon songe; explique le
Cousine.

BIBI.

He, mais ... pour le poignard aiſément
je devine,
C'eſt victoire, dit-on, l'homme nud c'eſt
deſir,
Et la fille percée, on dit que c'eſt plaiſir.
Voilà ce que j'en ſçai,

AGNE'S.

Eh dis moi je t'en prie,
As-tu fait quelque ſonge auſſi pendant
ta vie?

BIBI.

Si ma mémoire peut me les rendre préſens
Je vais t'en raconter des plus extravagans.
Il n'eſt choſe d'abord dans toute la nature,
Dont tour à tour je n'aye en dormant la
figure,
Je me vois chaque nuit dans un païs nou-
veau,
Je me trouve ſerpent, arbre, poiſſon,
oiſeau.
Si je me voi jument un maquignon me
dompte
Un palfrenier me ſangle, un Cavalier me
monte.
Je

Je deviens quelquefois matelas & coutil,
Pierre où le remouleur afile ſon outil.
Aiguille, l'on m'enfile & ſon l'on me reſ-
ſaſſe,
Noix muſcade on me racle & poivre on
me concaſſe,
Air à boire, air de Cour, air de Pont
neuf, flon, flon.
Je m'accorde toujours au ſon du Violon,
Gaillarde, Traquenard, branle, loure,
chaconne.
Celui-ci me ſolfie & cet autre m'entonne.
Enfin air d'Italie, ou ſonnate, ou motet,
M'ayant bien frédonnée on tourne le
feuillet.

AGNE'S.

Tu ſouffres donc beaucoup! je te plains
ma Couſine,

BIBI.

Oui je ſouffre au-deſſus de ce qu'on s'i-
magine.

AGNE'S.

Mais que dis tu Couſine aux auteurs de
tes maux? Ne

Ne les traite tu pas d'inhumains, de Boureaux?
Comment les nommes tu ſouffrant un tel martyre?

BIBI.

Ah! mille fois j'en ſouffre & ſouffre ſans rien dire.
Mais quelqu'un vient ici, Couſine taiſons nous.

AGNE'S.

C'eſt Valere lui-même.

SCENE VII.

VALERE, AGNE'S, BIBI, PAILLARDET *déguiſé en aumonier*, *Pouſſe déguiſé en* NOTAIRE, COURTAUT, LA BABINE, *temoins*.

VALERE.

AH! ma belle c'eſt vous,
Je

Je conduis avec moi l'Aumônier, le Notaire,
Et les témoins qu'il faut pour finir notre affaire.

Pouſſe en NOTAIRE.

De vos conventions ſuffiſament inſtruit,
J'ai redigé le tout dans la forme qui ſuit,
Voici votre contract que j'ai fait en deux lignes.
Fut préſent devant nous Meſſire Jean De-Vignes,
Chevalier de Valere & Seigneur des Conneaux,
Des blondins, des griſons, Rouſſillons, Mauricaux,
Etcætera, Baron Seigneur de la Magnotte,
Comte de S. Vitaux au païs de la Motte,
Marquis de Braquemart, grand Prieur des Nonnains,
Grand Vidame Danconne & lieux circonvoiſins,
Et Damoiſelle Agnés Gribiche Coriboindre,
Leſquels charnellement deſirans ſe conjoindre,
Par le préſent contract renonçant, approuvant,

Sont

Sont demeurez d'accord des articles ſui-
vans.
Primò ladite Agnés apporte en mariage
Un champ clos dont la terre eſt propre
au labourage,
Un pré prêt à faucher & deux petits
moulins,
L'un à eau l'autre à vent & tous deux fort
voiſins,
Separés par un pont de ſtructure biſare,
Où quoiqu'étroit ſouvent le voyageur
s'égare;
Un bâtiment moderne & percé comme il
faut,
Bien conditionné du bas juſques en haut,
Pour meubles un chambranle & des plus
beaux qu'on faſſe,
Item le tour de lit avec la bonne grace,
Travaillez à l'aiguille entourés d'un molet,
Item pluſieurs habits deux tous neufs, un
qu'on fait.
Le tout entretenu dans l'état qu'il doit
être,
Et que ledit Valere a déclaré connoitre,
Pour avoir pluſieurs fois viſité le terrain,
Et touché le ſuſdit contenu de ſa main
Reconnoiſſant qu'il eſt tel que l'on lui
détaille,

Vou-

Voulant qu'avec vigueur le préſent con-
tract vaille,
Aſſiſté du bon droit ainſi que de raiſon.
Paſſé par devant Pouſſe & Drù ſon Com-
pagnon.
Il s'agit de ſigner maintenant.

VALERE *ſigne.*

Je commence
Allons Agnés à vous.

AGNE'S *prenant la plume.*

Je tremble par avance,
Où mettrai-je mon nom ?

Pouſſe en NOTAIRE.

Cela dépend de vous,
Mais la femme toujours doit ſe mettre
deſſous,
Et les témoins au bas... Courtaut & la
Babine,
Serrés vous, s'il vous plaît, place pour la
Couſine,
Voilà le contract fait ; la Célébration,
Doit ſuivre & tout d'un tems la conſom-
mation

Ca

ça Monſieur l'Aumônier conjoignés les parties.

PAILLARDET *en Aumônier.*

Je ne chercherai point tant de cérémonies,
Ce ſont formalités que l'on obſerve après.
Valere voulez-vous pour votre épouſe Agnés.

VALERE.

Oui Monſieur,

PAILLARDET *en Aumônier.*

Vous Agnés pour votre Epoux Valere?

AGNÉS.

Oui Monſieur,

PAILLARDET *en Aumônier.*

C'eſt aſſez : voilà tout le miſtere,
Touchés vous dans la main, mettés au doigt l'anneau,
Allez coucher enſemble, Ego vos conjungo,

AGNE'S.

Jusqu'au revoir Cousine,

BIBI.

Adieu ma chere amie,
Porte toi bien, le Ciel te donne longue vie!

VALERE.

Je voi ma sœur, passons dans ce grand Cabinet,
Elle est un peu fâchée & j'en sçai le sujet,
Mais je l'appaiserai.

SCENE VIII.

ISABELLE, BARBE.

ISABELLE *en colere.*

ALlons Barbe, sortez retournés au Village,
Comment sur mon Sopha de velours cramoisi,

Tantôt avec mon frere !

BARBE.

Hélas il l'a choisi,
Car je m'étois d'abord mise sur une chaise.
Barbe, ce m'a-t-il dit, bouttons nous à notre aise.
Ah! Monsieur, ç'ai-je dit, non je n'en ferai rien:
Ici je suis fort bien; n'est on pas toujours bien?
Par tout où qu'on se trouve? après bien des prieres,
Et m'avoir prise enfin de toutes les manieres,
Et Barbe par ici & puis Barbe par là
Il m'a tout droit poussée au milieu du Sopha,
Il a fallu s'y boutre.

ISABELLE.

Ah, que de verbiage,
Je vous donne congé sans tarder davantage.
Que tout dans cet instant d'ici soit délogé.

BAR-

BARBE.

Après tant de ſervice! ah bon Dieu quel congé!

SCENE IX.

ISABELLE, BRANLARD.

BRANLARD.

QU'eſt-ce donc que ceci ? qu'avez-vous mon aimable?

ISABELLE.

Je ne veux plus de Barbe, elle eſt inſu-portable,

BRANLARD.

Plus de Barbe! comment pouvoir vous en paſſer?

ISABELLE.

Elle m'échauffe plus qu'on ne ſauroit penſer

Il faut toujours qu'on crie ou qu'on ſue avec elle.

BRANLARD.

Quoi l'auriez-vous ſurpriſe à n'être pas fidele!

ISABELLE.

Puiſqu'il faut m'expliquer, mon frere eſt ſon amant,
Et je les ai ſurpris enſemble en ce moment.

BRANLARD.

Quoi! c'eſt là le ſujet qui vous met en colere,
C'eſt une bagatelle, allez laiſſez la faire.

ISABELLE.

Mon frere a peu d'honneur.

BRANLARD.

Eh bien! c'eſt pour cela
Qu'il en cherche par tout.

ISABELLE.

Fort bien, il eſt bon là,

BRANLARD.

Allons pour cette fois il faut lui faire grace.

ISABELLE.

Mais vous qui me parlez, mettez vous en ma place,
Que diriez vous trouvant une fille chez vous,
Sur un Sopha pamée, un homme à ſes genoux,
Promenant ſes regards deſſus ſa gorge nue.

BRANLARD.

Entre nous, je dirois, que la fille eſt... perdue.

ISABELLE.

Oui, mais que fériez-vous en les voyant tous deux?

BRANLARD.

Ma foi je banderois tout aussitôt mes
yeux.

ISABELLE.

Mais vous déchargeriez du moins votre
colere,
Sur la fille...

BRANLARD.

Ah! c'est là ce que je voudrois faire:
Deux ou trois coups de verge afin de lui
montrer...

ISABELLE.

C'est bien dit: sur ce pied elle pourra
rentrer,
Mais parlons d'autre chose, à quand notre Hymenée?

BRANLARD.

Ah Madame il en faut reculer la journée,
Je suis un malheureux qui ne merite pas
De posseder sitôt de si charmants appas.
Et suis dans un état,

ISA-

ISABELLE.

Achevés je vous prie,
Auriez vous attrappé quelque galanterie?

BRANLARD.

Hélas vous l'avez dit, j'en ſuis au deſeſpoir.
Me croyant pour jamais privé de vous
revoir,
Un Capitaine ayant le bonheur de vous
plaire,
J'ai voulu me guérir d'un amour témeraire,
Ah quelle guériſon ! Je m'en ſens en
ce jour,
Tourmenté par un mal plus cuiſant que
l'amour.

ISABELLE.

Eh qui vous a guéri de cette étrange ſorte?

BRANLAND.

Une jeune beauté que le grand Diable
emporte,
Et que la peſte créve! hélas la careſſant,
In-

Innocence, pudeur, eſprit doux, com-
plaiſant,
Je trouvois tout en elle. Ah la double
traitreſſe,
J'ai payé cherement les fruits de ſa tendreſſe!
Quand elle me diſoit, ſouvenez-vous de
moi,
Elle avoit bien raiſon: il m'en ſouvient
ma foi.

ISABELLE.

Allez, mon cher Branlard, c'eſt une
bagatelle,
Il n'en faut plus qu'autant.

BRANLARD.

Que vous êtes cruelle!
De me railler encor.

ISABELLE.

J'ai grand tort en effet,

BRANLARD.

Prenez-vous en à vous de tout ce que
j'ai fait.

ISA-

ISABELLE.

Ce n'eſt pas tout, je veux en regaler mon frere,
Il vient fort à propos.

BRANLARD.

Comment qu'allez vous faire?

ISABELLE.

Vous ne ſauriez avoir trop de confuſion,
Et de votre pardon c'eſt la condition.

SCENE X.

VALERE, ISABELLE, BRANLARD.

VALERE.

AH ma ſœur prenez part à ma bonne fortune,
Vous allez avouer qu'elle n'eſt pas commune,

Vous l'allez voir. Ah, ah, c'eſt vous M.
Branlard,
Je veux de cette vue auſſi vous faire part.

ISABELLE.

Ma foi, Monſieur Branlard n'a pas ſujet de rire,
Il pleure bien plutôt,

VALERE.

Que me voulez-vous dire?

ISABELLE.

Il a d'une beauté reçu certain préſent:
En un mot il en tient.

VALERE.

Le tour eſt fort plaiſant.
Eh voilà ce que c'eſt de courir les Don-
zelles,
Faites tout comme moi, denichés des Pu-
celles.
Il s'y trouve, il eſt vrai de la difficulté.
La vertu les défend avecque fermeté.
Avant qu'elle s'écarte, & que le vice
gliſſe,

Les

Les combats ſont ſanglans avec une novice.
Mais on en a l'honneur : je viens de l'éprouver
Avec celle qu'ici vous voyez arriver.

SCENE XI.

VALERE, ISABELLE, AGNE'S, BRANLARD.

BRANLARD.

QUe vois-je ? quoi c'eſt-là la Conquête nouvelle !
Oh parbleu ! pour le coup vous en avez dans l'aile,
C'eſt elle juſtement qui m'a ſi mal traité.

VALERE.

Que me dites vous là.

BRANLARD.

Je dis la vérité,

Agnés

Agnés connoiſſez vous ce Monſieur ?

AGNE'S *à part.*

Ah je tremble.

VALERE.

Parlez, avez vous eu quelque commerce
enſemble?

AGNE'S.

Je ne ſais pas,

VALERE.

Il faut ici s'expliquer net,
Connoiſſez-vous Monſieur ?

AGNE'S.

Hé... non pas tout-à-fait.
Monſieur ne dites pas au moins je vous
en prie,
Tout ce qui s'eſt paſſé.

BRANLARD *en colere.*

La priere eſt jolie !
Cela

Cela ſeroit fort bon, s'il ne m'en cuiſoit pas.
Mais l'état où je ſuis,

AGNE'S.

Eh! parlez donc plus bas.

BRANLARD.

Que je parle plus bas? parbleu je vous admire,
Il n'eſt pas néceſſaire, & je viens de tout dire.

AGNE'S.

Les hommes d'à préſent ſont de grands indiſcrets.

VALERE.

Il n'eſt donc que trop vrai: qui l'eut penſé jamais?

AGNE'S *à Valere.*

Monſieur excuſés moi, ce fut par innocence.

VA-

VALERE.

Sortez d'ici perfide, ou craignez ma vengeance.

SCENE XII.

VALERE, ISABELLE, BRANLARD.

ISABELLE.

Mon frere en vérité vous méritez cela,
Mais je plains cependant l'état où vous voilà.

VALERE *en fureur.*

Enfin je ſuis donc pris! qui l'eut pu jamais croire?
Je viens de remporter une belle victoire!
Je peux bien m'en vanter. O triſte ſouvenir!
Quel tranſport me ſaiſit? je perce l'avenir,
Je vois déja, je voi cette Déeſſe immonde
Que

Que l'enfer enfanta pour tourmenter le
monde.
La paleur l'accompagne,& ſes avant-coureurs.
Viennentme préparerà toutes ſes fureurs.
Déjà je voi couler le poiſon qu'elle apprête.
Les yeux de ſes Serpens m'environnent la tête,
Ses deux jeunes Courſiers s'allument contre moi,
Bouffis, gonflez de rage, ils me glacent d'effroi.
En ce cruel état o Ciel que dois-je faire?
Ah barbare autrefois tu fis mourir mon Pere,
Mais je te tiens.

ISABELLE.

O Dieux quel étrange tranſport!
Ah, pour le ſecourir employons notre effort.

VALERE.

O fils de Jupiter; redoutable Mercure,
J'implore ton ſecours dans ma triſte avanture.
Mille & mille en ce cas affligés comme moi

Dans

Dans leur malheureux ſort n'ont eu recours qu'à toi,
En ce puiſſant danger je reclame ton aide.
Mais avant d'en venir à ce cruel remede,
Vengeons nous cher Branlard, au milieu de nos maux,
Allons nous ſignaler par des exploits nouveaux,
Ne perdons point de tems, courons de belle en belle,
Promenons ce préſent d'une beauté cruelle.
Nous pouvons deſormais ſans courir de haſard,
De ce préſent fatal en tous lieux faire part,
Puiſqu'un ſexe perfide aujourd'hui nous le donne.
Il ne faut pas du moins avoir rien à perſonne,
Rendons le avec uſure. Il faut que dans ce jour,
Puiſqu'ils vient de la flute, il retourne au tambour.

BRANLARD.

Oui c'eſt bien dit, allons que rien ne nous arrête!

Re-

Reprénons le courage & du poil de la
bête.

Ils s'en vont.

ISABELLE *au parterre.*

Messieurs le Ciel vous offre un bel exemple aux yeux,
Après cela malheur à tout Luxurieux.

L'ORIGINE DES OISEAUX OU LES AMOURS DU SOLEIL ET DE VENUS.

VOus demandez des Vers pour le
moineau charmant,
Qui fait de votre cœur le doux
amusement,

Pour

* Ce petit Poëme a paru fort en desordre dans l'Edition des Contes & Nouvelles de Vergier publiée a Paris (Amsterdam) en 1727.

Pour qui vous diſſipez le fond d'une tendreſſe,
Où malgré vos rigueurs mon amour s'intereſſe.
C'eſt exiger, Philis, un étrange regal,
De vouloir que je rime en faveur d'un rival,
Loin de louer en lui ce qui fait vos delices,
Son attache pour vous, ſa fierté, ſes malices,
Je devrois travailler à le faire haïr.
Mais quand vous commandez, je ne ſçai qu'obéir.
Je vais donc vous conter quelle heureuſe avanture,
A des prémiers Oiſeaux enrichi la Nature,
Et pour juſtifier votre tendre penchant
En faveur du Moineau qui n'a plume ni chant
Faire venir du Ciel ſes titres de nobleſſe,
Et ſur tous les Oiſeaux lui donner droit d'aineſſe.
Il en faudra tirer les titres glorieux
Des memoires ſecrets, des intrigues des Dieux,
Et peindre des baiſers dont les Muſes diſcretes,

N'ont point fait jufqu'ici confidence aux
Poëtes.
Ne vous étonnés pas qu'un miftere oublié
Ait attendu nos ans pour être publié:
C'eft ainfi que notre age heureux en découvertes,
Des fiécles négligens a reparé les pertes.
On fçait bien que Venus faite pour tout charmer,
S'eft crue également faite pour tout aimer.
Ses exploits amoureux font une longue Hiftoire,
Mais on nous a caché fa plus belle victoire,
Et l'on ignore encor quel captif trop heureux
A cette conquérante offrit les premiers vœux,
Quel Dieu mit le premier la tendreffe en ufage.
C'eft le hardi deffein de ce petit ouvrage.
Venus fille de l'onde encore fur les flots,
Effaioit fes attraits nouvellement éclos,
Et tiroit vers les bords de l'Ifle fortunée,
Qu'à fon féjour fur terre elle avoit deftinée,
La Nacre que la mer lui donne pour berceau,

Lui

Lui ſert en même tems de Trône & de Vaiſſeau,
L'officieux Zephir y tient lieu de pilote,
Il pouſſe vers le bord la coquille qui flote,
Et d'un ſoufle amoureux jouant de toutes parts,
Il fait des voiles d'or de ſes cheveux épars,
Le Soleil qui voit tout, par qui tout voit au Monde,
Découvrit le premier ces richeſſes ſur l'onde.
D'abord ſurpris de voir ſur la face de l'eau
Un éclat étranger dévancer ſon flambeau,
Tel qu'il voit quelquefois dans le fond d'un nuage,
Ses rayons orgueilleux revêtir ſon image,
Et par un faux éclat impoſant aux humains,
Rendre entre deux Soleils leurs regards incertains,
Il crut que de ſa flame en un point recueillie,
Il s'étoit ſur les eaux produit un parellie,
Ou que Thetis cherchant à ſe paſſer des Cieux,
S'étoit fait un Soleil pour éclairer ces lieux.

Mais lorſque de plus près il voit cette merveille,
La flame de ſes yeux à la ſienne pareille,
Qu'il voit de ſon viſage & le tein & le tour,
Cet air qui ne reſpire & n'inſpire qu'amour
Cette double hauteur de ſa gorge admirable,
Qu'à ſon double Parnaſſe il trouvoit préferable,
Ses cheveveux qui dans l'air par le vent ſuſpendus,
Lui ſembloient des rayons autour d'elles épandus;
Tous les charmes enfin d'une beauté parfaite,
Qu'aucun voile ne cache à ſa vue indiſcrete,
Et que, tout Dieu qu'il eſt, Peintre, Poëte, Amant
Phebus qui les a vu peindroit mal-aiſément;
Un nouveau feu ſe joint au feu qui l'environne,
C'eſt à vous, lui dit-il, adorable perſonne.
A donner la lumiere & regler les ſaiſons,

Vos

Vos yeux percent plus loin que mes foibles rayons,
Vous pouriez au séjour du Maitre du tonnerre,
Dispenser la clarté qui se repand sur terre.
Heureux pour qui le sort reserve tant d'apas !
Il quitteroit son char pour aller sur ses pas
Et lui qui doit par tout sa lumiere féconde,
Termineroit sa course en cet endroit du monde.
Mais un pouvoir plus fort l'emporte sur l'amour,
Et Ministre, aussi bien que Souverain du jour,
Il ne peut accourcir ni changer sa carriere.
Il part, son char l'emporte, il regarde en arriere
Il soupire, & connoit en ce moment facheux,
Que le rang le plus haut n'est pas le plus heureux,
Et que de son Emploi l'attachement extrême
Le donnant au public le dérobe à lui même.
Venus à cet objet si propre à la charmer,

Ne ſe laiſſe pas moins, ni moins vite enflâmer.
Tel que ſur un amas de la fatale poudre,
Dont l'homme induſtrieux a ſçu forger un foudre,
S'il tombe un étincelle, on voit en un moment,
Par toute la matiére aller l'embraſement,
Et repandre auſſitôt le deſordre & la flâme,
Tel & plus promt le feu ſe gliſſe dans ſon ame.
Ses yeux qui ſur les ſiens aiment à s'attacher,
Y puiſent des ardeurs qu'elle ne peut cacher.
Quoique ſon cœur encore à ſa premiére affaire,
Ignore ce qu'il ſent, ce qu'il veut, ou doit faire,
Elle fait ce qu'il faut pour toucher ſon Vainqueur,
Mêle au feu de ſes yeux une douce langueur.
Feignant de ſe cacher lui dérobe à la vue,
Les attraits les plus vifs dont le Ciel l'a pourvue,

Et

Et lui fait concevoir par un œil enflâmé,
Qu'autant qu'il aime il peut s'aſſurer d'être aimé.
A peine de la nuit la lenteur odieuſe,
Met le Soleil à bout de ſa courſe ennuyeuſe,
Qu'il laiſſe à l'abandon ſes chevaux haraſſés
Sa paſſion l'emporte à des ſoins plus preſſés,
Le tourne tout entier vers l'aimable inconnue.
Réſolu de ſçavoir ce qu'elle eſt devenue,
Il court pour s'aſſurer un bien ſi prétieux,
Et jugeant le ſéjour reſervé pour les Dieux
Seul digne de loger une hôteſſe ſi belle,
Soit qu'elle ſoit Déeſſe, où qu'elle ſoit mortelle.
(Mais il la croit Déeſſe à ſes divins apas)
C'eſt d'abord vers l'Olimpe, où s'adreſſent ſes pas.
Il ne fut point trompé dans ſa flateuſe attente,
Cipris y vint montrer ſa beauté raviſſante,
Jupiter à la terre enviant ſon ſéjour,
D'un ſi rare ornement voulut parer ſa cour.

 De

De honte à ſon aſpect les Déeſſes rougirent,
Par un plus doux motif les Dieux même frémirent.
Leurs yeux accoutumez à tout l'éclat des cïeux,
Ne purent ſoutenir les éclairs de ſes yeux.
Le Soleil eſt le ſeul dont la ferme paupiére
En puiſſe ſoutenir l'éclatante lumiére.
A ce danger charmant ſeul il s'ôſe expoſer,
Et c'eſt le ſeul auſſi qu'elle veuille embraſſer.
Ce fut là que leurs yeux de plus près ſe parlerent,
Qu'ils connurent leurs coups & les renouvellerent,
Que ſous la caution des ſermens les plus forts,
Ils livrerent leurs cœurs aux plus ardents tranſports.
Phebus certain de plaire & plein de confiance
Se prépare à l'Hymen avec impatience,
Du Souverain des Dieux demande l'agrement,
Mais, O fatal revers pour un fidelle amant!

Un

Un ordre irrévocable à ſes deſſeins s'oppoſe,
De cet obſtacle, hélas! Jupiter n'eſt pas cauſe.
Dans cet arrêt par lui contre un fils prononcé,
Il n'eſt que du deſtin l'interprête forcé.
C'eſt le bizarre ſort dont les loix trop cruelles,
Commencent par Venus à maltraiter les belles,
Aux plus rares beauté impoſant ſans pitié
L'inſupportable joug d'une indigne moilié.
Junon toujours jalouſe avec le ſort ſe ligue,
Les Dieux exclus du choix ſe joignent à la brigue,
Et le rival de tous que Phebus craint le moins,
Eſt celui dont l'Hymen autoriſe les ſoins.
C'eſt par Vulcain des Dieux, la honte & la riſée,
Que l'ornement du Ciel, Venus eſt épouſée.
Eh bien! amans mortels qui voyez quelquefois,

A d'indignes rivaux tranſporter tous vos droits
Beauté qu'un nœud forcé captive dans nos temples,
Vous plaindrés vous encore après ces grand exemples?
Prendrés vous à partie & l'Amour & les Dieux,
Quand même ſort inſulte aux habitans des cieux?
Ces deux Divinités, ces deux beautés parfaites,
Qui s'aimoient, qui ſembloient l'une pour l'autre faites,
Venus à le dégout d'un nœud mal aſſorti,
Et le plus beau des Dieux n'a pu trouver parti,
Que leur auroit ſervi leur vaine reſiſtance?
Jupiter, qui des Cieux eſt la toute puiſſance,
Qui du deſtin lui-même a dicté les arrêts,
Se ſoumet ſans murmure à ſes propres décrets.
Ils s'y ſoumettent donc, mais pour leur Hymenée,
N'oſant choquer de front la fiere deſtinée.

Ils

Ils tâchent de donner en habiles amants,
A ce trifte devoir des adouciffements.
Si le fort fur l'Hymen étend fa violence.
L'Amour maintient les droits de fon indépendance.
Ils fçavent que le cœur eft exemt d'obéir,
Et fe confultent feuls pour aimer & haïr.
Au défaut des plaifirs que l'Hymen leur retranche,
En transports innocens leur tendreffe s'épanche,
Leur feu d'autant plus vif qu'il le faut étouffer.
Par d'innocents baifers fe plaît à triompher.
Ils les jugent permis, quoiqu'en dife au contraire
Le jaloux forgeron que ce jeu defefpere,
Qui les croit plus heureux en des plaifirs bornés,
Qu'en dépit du devoir l'Amour a façonnés,
Qu'il ne fe croit lui-même en des biens fans mefure,
Que le devoir arrache, & dont l'amour murmure.
Mais d'un tendre commerce, effet miraculeux.

Par

Par autant de baiſers dont ce couple amoureux
S'efforce de flater leurs flames deſolées,
Autant, par l'union de leurs bouches colées,
Il ſe forme d'oiſeaux, qui perçans dans les airs,
Font retentir les lieux de différents concerts,
Et ſemblent en naiſſant, pleins de reconnoiſſance;
Célébrer les baiſers qui leur donnent naiſſance,
Le cœur de ces amans gros de mille deſirs,
Met la fécondité juſques dans leurs ſoupirs.
Cette vapeur de feu ſe bâtit des organes,
La revêt à l'entour de ſubtiles menbranes
Les condenſe en matiére, & leur faiſant un corps,
D'une plume légere en garnit les dehors;
D'où prenant ſon effort par un canal flexible,
A ces ſons dont pour nous l'étude eſt ſi pénible,
Elle produit un chant ſans regle meſuré,
Et par les plus beaux ſons ſans maitre figuré.

Mê-

Même afin que l'eſpéce en ſoit perpétuelle,
Un ſeul baiſer produit le mâle & la femelle,
Et pour comble de biens, ces fortunés Oiſeaux.
Viennent apareillés auſſi bien que jumaux,
La Sœur trouve en naiſſant un Epoux dans ſon frere,
Il voltige autour d'elle, elle cherche à lui plaire.
L'amour dont l'un & l'autre ignore les leçons.
Prélude cependant par de tendres chanſons,
Et dans ces doux accords la ſeule ſimpatie
Enſeigne à chacun deux à tenir ſa partie.
Que ſçait on, ſi parmi tant d'Oiſeaux différents,
Cet Oiſeau redoutable à ſes propres parents,
Si l'Amour, cet Oiſeau qui ne vit que de proye,
Et qui des cœurs humains ſe repaît avec joye,
De ſes baiſers féconds ne ſeroit pas venu,

Cer-

Certes ſon origine eſt un fait inconnu,
L'antiquité d'accord ſur le nom de la Mere,
A cet enfans trouvé ne donne point de Pere,
Et j'oſé me flater que ce divin Oiſeau.
Auroit peine à trouver un plus digne berceau,
Que ſi l'amour jaloux de cacher ſa naiſſance,
Veut que l'on ne connoiſſe en lui que la puiſſance,
Laiſſons le s'aplaudir du ſoin miſtérieux
De couvrir ſa naiſſance auſſibien que ſes yeux,
Mais qu'il ſoit d'un autre air ou d'une autre nature,
L'aîneſſe des moineaux n'en ſera que plus ſure,
Puiſqu'ils ſont les premiers, ſi ce Dieu n'en eſt pas,
Qui trouverent la vie en ce jeu plein d'apas.
Auſſi, loin de chanter, cette amoureuſe paire
Imita, fur le champ ce qu'elle voyoit faire,
Et de leur petit cœur le petit batement,
Fut

Fut un ſigne d'amour & non de ſentiment.
Ce ne ſont que baiſers, que careſſes preſſantes:
Par le trémouſſement de leurs ailes tremblantes,
Par mille petits cris à leurs tranſports mélés
Ils témoignent l'ardeur dont leurs cœurs ſont brulés.
Quand des autres Oiſeaux l'eſpece trop ſauvage
S'enfuit de toutes parts comme ſortant de cage,
Et craint juſques aux Dieux dont elle tient le jour,
Ce couple familier à leurs pieds fait l'amour.
Tranquille, aprivoiſé, proche d'eux il s'arrête,
Et prend ſa part lui-même à cette tendre fête.
Surtout de la Déeſſe ils connoiſſent la voix,
Voltigent ſur ſon ſein, badinent ſur ſes doigts,
Oſent porter leur bec juſqu'à ſa belle bouche,
Et faire les mutins lorſque Phebus y touche,

Comme on voit aujourdhui votre moi-
neau jaloux,
Pratiquer envers ceux qui s'aprochent de
vous ;
Cet air fier & badin, qui charme pere &
mere,
En leur posterité devient héréditaire.
Et l'amour, en faveur des Dieux dont ils
sont nez,
Leur fait sur la tendresse un partage
d'ainés.
Tendres & premiers fruits d'un amour
sans mesure,
Ilssemblent composés de flâme toute pure,
Et n'ont qu'autant de corps qu'il en faut
pour nourir
Ce feu qui les anime, & qui les fait mourir.
Il est vrai qu'ils n'ont pas la beauté du
ramage:
Comme entre les oiseaux l'agrément se
partage,
Ainsi que parmi nous, il se trouve qu'en-
tre eux,
Les plus passionnés ne chantent pas le
mieux.
Peut être n'est ce pas un méchant carac-
tere,
D'être fort caressant & de n'en dire
guéres.

Ces

Les pigeons, qui comme eux ſont de ſi grands baiſeurs,
Ne ſont pas non plus qu'eux d'agréables cauſeurs.
Leur mere cependant, qui s'attache au ſolide,
En faveur des pigeons & des moineaux décide,
Et laiſſant ſans emploi ces oiſeaux prétieux,
Que la plume & le chant rendent ſi glorieux,
A ces amants ſans bruit ſa prudence partage
Le ſoin de compoſer ſon galant atelage.
Ils ſont encor les ſeuls que deſſus les autels,
Elle daigne en offrande accepter des mortels.
Mais des tendres moineaux l'eſpece favorite
D'un ſervice plus grand a tout ſeul le mérite.
Par ſon attachement à lui faire la cour,
Ils ſont les confidens de ſes deſſeins d'amour.
Lorſque d'un nouveau feu la Déeſſe preſſée.

A ſon heureux amant veut ouvrir ſa penſée,
Au lieu d'en confier le ſecret aux Zephirs,
Elle donne aux moineaux à porter ſes ſoupirs.
Ils viennent ſur les bords de ſa bouche amoureuſe,
Prendre en leur petit bec la vapeur prétieuſe,
Puis franchiſſant les airs ils la vont exhaler
Vers l'objet que Venus en daigne regaler,
Qu'on trouve, ſi l'on veut, de l'aigle redoutable
Aux pieds de Jupiter le rang plus honorable,
Peut être le moineau dans un plus doux emploi,
N'aura-t'il rien qu'il doive envier à ſon Roi.
Si le Miniſtre affreux des horreurs du tonnerre,
Porte en ſon bec de quoi faire trembler terre,
Le moineau gardien d'un feu délicieux,
Porte de quoi charmer les hommes & les Dieux.
Voilà d'où les moineaux ont tiré leur naiſſance,

Bel-

Belles qui n'êtes pas de facile croyance,
Et qui ſur cette hiſtoire allez ſubtiliſer,
Que vous connoiſſez peu la force d'un baiſer!
Juſqu'où de deux amans l'haleine confondué,
Eleve en ſes tranſports la nature éperdue!
Lorſqu'amoureuſement leur bouche ſe preſſant,
Leur ame ſur le bord des levres s'avançant,
S'élance hors de ce corps qui la tient enfermée,
Pour paſſer dans celui de la perſonne aimée.
Vains efforts! de vouloir vous peindre les apas
D'un miſtere de cœur que vous n'entendez pas.
L'amour qui ſeul en peut faire ſentir l'amorce,
Vous en peut ſeul auſſi faire ſentir la force.
Mais quand des immortels le pouvoir reveré,
Ne rendroit pas croyable un fait mieux avéré.

 Vous

Vous devez bien vous rendre aux preuves d'un miracle,
Dont l'amour renouvelle à vos yeux le ſpectacle.
Remarqués au printems les Oiſeaux amoureux.
Par de fréquents baiſers ils déclarent leurs feux.
L'homme n'entend pas ſeul ce délicat manege.
L'eſpece Volatille a même privilége.
D'où vient qu'à ce commerce il trouve des apas,
Que d'autres animaux n'y reconnoiſſent pas?
C'eſt qu'à s'apparier leur inſtinct les convie,
Par les mêmes baiſers dont ils tiennent la vie,
De là viennent ces œufs, qui ſous de frêles murs
Cachent les élements des oiſillons futurs.
Stériles élements, inutile aſſemblage!
Si la mere en couvant n'achevoit ſon ouvrage.
Son feu vivifiant par dégrés repandu
Sur ce petit cahos, où tout eſt confondu,
Débrouille la matiére arrange les parties,
Et

Et fait un composé de piéces assorties,
Forme un petit oiseau qui s'aidant à son tour,
Brise enfin la prison qui le tenoit au jour,
Et fait voir, en naissant d'une chaleur féconde,
Qu'une simple vapeur a pû le mettre au monde.
Mais peut on en douter? quand le Nil indiscret
A la Nature même à volé son secret,
Qaund le Caire en hazarde une épreuve publique.
En renfermant des œufs dans un fourneau de brique,
Il sçait, à la faveur d'un feu bien gouverné,
Faire éclore sans mere un poulet étonné.
Comme un enfant, doux fruit d'un amour mutuelle,
Souvent de ses parents est l'image fidéle,
En partage les traits, & le pere joyeux,
Y reconnoît sa bouche, & la mere ses yeux;
Ainsi dans les Oiseaux la nature soigneuse
De conserver l'honneur de leur naissance heureuse,
A sçu perpétuer mille traits repandus,
Des deux Divinités dont ils sont descendus

Ils tiennent de Phebus, auteur de la musique,
Tous ces chants naturels qu'ils mettent en pratique,
Ils tirent de Phebus, principe des couleurs,
De quoi le disputer aux plus brillantes fleurs,
Il soutient, il conduit leurs ailes élevées,
Dans les routes de l'air pour eux seuls reservées.
La naissance du jour leur rejouit le cœur,
Le départ du Soleil les met dans la langueur.
Tout leur manque la nuit, l'usage des prunelles
Le chant, le mouvement, & la force des ailes.
Je croirois volontiers, voyant tant de raports
Les unir au Soleil par de secrets ressorts,
Qu'ils vivent seulement d'une vie empruntée,
Par ses rayons produite, avec art emportée,
Et dépendans de lui, tel qu'on voit un ruisseau,
Dépendre de sa source, & lui devoir son eau.

Du

Du côté de Venus ils ont dans leur famille,
La gloire de ſortir auſſi d'une coquille,
Et cet artiſte nid qui leur ſert de berceau,
De celui de leur mere eſt encore un tableau.
Ils ont de cette tendre & ſenſible Déeſſe
Cette divine ardeur qui les brule ſans ceſſe.
L'Amour n'eſt point chez eux un commerce au hazard.
Une aveugle fureur où le corps ſeul ait part,
Un tranſport qui ſe puiſe au moment qu'il commence,
Qu'aucun égard ne ſuit, qu'aucun ſoin ne devance;
Tel enfin qu'il ſe trouve en d'autres animaux,
Qu'entrainent ſur le champ leurs mouvement brutaux.
C'eſt une paſſion préparée & ſuivie,
Qui dure tout l'été, ſouvent toute la vie,
C'eſt le plan regulier d'une ſocieté,
Qui met ſoins & plaiſirs dans la communauté.
Leur Hymen en effet tient de nos mariages,
On les voit s'attacher à leur petit ménage,

Et des materiaux d'un nid induſtrieux,
Faire conjointement l'amas laborieux.
L'amour eſt en un mot leur grande & ſeule affaire,
Oiſifs en tout le reſte, auſſi bien que leur mere,
Sans ſoin de l'avenir, brillants, chantants, jouants.
C'eſt lui ſeul qui les rend oiſifs & prévoyants,
Mais c'eſt ſur les moineaux entre tous que domine,
L'amoureux aſcendant de leur tendre origine,
Et pour juſtifier leur aineſſe au beſoin.
La Déeſſe a voulu les marquer à ſon coin.
Une amoureuſe ardeur ſans ceſſe les devore,
Et le même printems, qui les a fait éclore,
Voit le frere & la ſœur amans dès le berceau,
Au ſortir de leur nid en bâtir un nouveau.
Qu'on ne m'opoſe plus que ce fond de tendreſſe
Eſt un titre d'ainé bien fatal à l'eſpéce,
Que ce feu qui les rend ſi vifs dans leurs amours,

S'il

S'il cauſe leurs plaiſirs, abrége auſſi leurs jours.
Ah, qu'un pareil reproche a de quoi faire envie,
L'amour dans un moineau dure autant que la vie.
Ne vivroient ils qu'un an, ils vivent plus longtems
Que ces triſtes Oiſeaux qu'on croit vivre cent ans.
Voyez, belle Philis, où l'ardeur de vous plaire
A conduit en jouant, ma muſe téméraire
Semblable à ces auteurs par l'argent inſpirés,
Qui ſur des monumens de tout autre ignorés,
Tirent de la pouſſiere une nobleſſe mince,
Et lui donnent pour tige un échapé de Prince,
Pour vous j'ai parcouru les archives des Cieux,
Dénoncé des amours même ignorés des Dieux,
Et menant la Nature au ſecours de la fable,
Fait au défaut du vrai ſervir le vraiſemblable,

Heu-

Heureux, ſi je pouvois par ce chemin nouveau,
Faire aux ſiécles futurs aller votre moineau,
Le rendre auſſi fameux que cet Oiſeau célebre,
Dont Catulle autrefois fit l'Eloge funebre,
Le rendant immortel en déplorant ſa mort.
Je n'oſe lui promettre une ſi glorieux ſort:
Le moineau de Lesbie eut moins de gentilleſſe,
Sans doute ſon amant me cedoit en tendreſſe.
Mais Catulle touchoit une Lyre à charmer,
Et je chante auſſi mal que je ſçai bien aimer.
Bien loin de me flater qu'à ce petit ouvrage,
L'indifférent lecteur accorde ſon ſufrage,
Je doute méme encor ſi je vous aurai plu;
Vous pour qui je travaille, & qui l'avez voulu,
Si d'un tendre baiſer la peinture trop vive
Alarmoit cependant votre pudeur craintive,

Avant

Avant que d'effacer les traits de mon tableau,
Voiés ſur quels amans j'exerce mon pinceau,
Songés que c'eſt Venus à la premiere intrigue,
Venus de ſes faveurs envers tous ſi prodigue,
Que j'ai fait violence à ſon temperament.
Pour la rendre ſi ſage avec un tel amant.
Quand donc m'accommodant à votre humeur ſevere,
A de ſimples baiſers je termine l'affaire,
Permettez-moi du moins de les imaginer,
Tels que je les demande & voudrois les donner.
Peut être avec le tems par l'amour aguerrie,
Férés vous plus de grace à ſa galanterie,
Déja votre moineau vous ſçait aprivoiſer,
Avec un tel tranſport je vous le voi baiſer,
Que c'eſt par vos baiſers que ma Muſe guidée,
S'eſt fait ſur les Oiſeaux cette amoureuſe idée.
Mais pour rectifier par un trait ſerieux,
Ce que la fable a mis de trop licentieux,
Je vais le couronner d'une morale auſtère
Et

Et vous inſtruire au moins, ſi je n'ai ſçu vous plaire.
C'eſt l'effet de l'amour de changer les amans
En l'objet trop chéri de leurs empreſſemens.
Jadis par un pigeon une belle charmée,
Se vit en un pigeon par les Dieux transformee.
Vous qui pour un moineau, qui ne ſçauroit jamais
Répondre a vos bontés, ni ſentir vos attraits,
Avés de tendres ſoins qu'un amant ſeul mérite,
Redoutés que l'Amour enfin ne s'en irrite,
Et que faiſant ſur vous un prodige nouveau,
Il ne le change en homme, & vous change en moineau,
Quelque heureux tour qu'il donne à la metamorphoſe,
Ah! vous perdriez, Philis, ſans doute quelque choſe.
Vous devenant Oiſeau, que d'attraits ſuperflus!
Et lui devenant homme, il ne vous plairoit plus.

IMI-

IMITATION DE LA XII. ELEGIE LATINE D'ADRIEN RELAND, SUR LA MORT DE GALATE'E.

IMpitoyable ſort, faut il donc que je vive?
Et qu'à tant de douleurs un triſte amant ſurvive?
ô Mort, ne ſois pas ſourde aux cris d'un malheureux,
Par pitié ſois ſenſible à mon tourment affreux,

Dans

Dans l'état où je suis, le seul bien qui me reste,
Est de finir, hélas! des jours que je déteste.
Viens donc; que tardes tu de répondre à mes vœux?
Je ne vis qu'à regret : si c'est vivre, grands Dieux!
Que d'etre enseveli par la mort d'une amante.
Ma Galatée, ô Ciel! cette Nymphe charmante,
Objet infortuné de mes vives ardeurs,
A subi du Destin un arret plein d'horreurs.
Que je suis malheureux! jour fatal! les lieux sombres
Voient son ombre errer parmi les noires ombres.
L'ombre de mon Amante.... ô cruel souvenir!
Juste Ciel! je ne peux y penser sans fremir.
Quoi! c'est donc vainement que sa divine bouche
M'avoit juré qu'Hymen l'uniroit à ma couche?
Seul & charmant objet de nos vœux les plus doux,

Dieu

Dieu d'Hymen, tes flambeaux ſont donc éteints pour nous?
Les plaiſirs dont jadis mon ame étoit flatée,
Sont tous enſévelis avec ma Galatée?
Autour de ſon beau col mes bras entrelaſſez,
N'animeront donc plus nos amoureux baiſers?
Tu portes aux Enfers, ô chaſte Galatée,
Une virginité qui n'eſt point effleurée.
Tes beaux yeux, où l'amour faiſoit briller ſes feux,
Sont pour jamais fermez à la clarté des Cieux.
Peut être, ô mes amours! ma tendre Galatée,
(Si ce n'eſt une erreur de ma flamme abuſée)
Quand ſoutenue encor ſur un fragile bois,
Tu ſoupirois mon nom pour la derniere fois,
Le cruel Dieu des mers t'a ſubmergé dans l'onde.
O barbare Deſtin! ô douleur ſans ſeconde!
Je preſſentis ces maux, lorſque quittant ce lieu,

Ma Galatée, hélas ! tu vins me dire adieu.
Quel adieu ! juſte Ciel ! il te coute la vie.
D'une ſecrette horreur mon ame fut
ſaiſie.
D'un funeſte avenir triſte preſſentiment!
Sans doute tu n'avois que trop de fondement.
Dieux ! Pourquoi ce Vaiſſeau quitta t'il
nos rivages,
Pour être le jouet des mers, & des orages?
Innocentes ardeurs, delicieux tranſports
Vous vous êtes changez en ſanglots, en
remords.
Avec ma Galatée ont peri mes délices,
Et mon plus doux eſpoir fait mes plus
grands ſupplices.
O déplorable ſort ! ô malheur ſans égal !
De vos faſtes, François, rayez ce jour
fatal.
Pleurés ſombres forêts, pleurés terre
chérie,
Préférable jadis aux Champs de Theſſalie,
Quand ma Nymphe faiſoit ſous vos ombrages verds,
Redire à vos Echos ſes amours, & mes
vers.
Hélas ! elle n'eſt plus : vous n'avez plus
de charmes ;

Vous

Vous fîtes mes plaiſirs, & vous cauſez
mes larmes.
Elle ne viendra plus dans ces aimables
lieux,
Me prouver à la fois ſes vertus & ſes feux.
Tu ne méleras plus, Zephir, à ton
murmure,
De ma chaſte Venus l'haleine douce &
pure ;
Et ſes beaux cheveux blonds, par ton
ſoufle badin
Ne feront plus ſans ordre épars ſur ſon
beau ſein.
Gazons, que tant de fois j'ai foulez avec
elle,
Vous ne me verrés plus rempli d'un ten-
dre zêle,
Donner à ſes beaux bras des baiſers a-
moureux,
Capables d'enflammer les hommes & les
Dieux.
Fontaines, en ce jour témoignés vos al-
larmes,
Pleurés Ruiſſeaux, enflés du tribut de
de mes larmes :
Exprimés vos regrets, infortunés côteaux,
Et toi fleuve ! Jadis pour boire de tes
eaux,

 Avec

Avec moi, ſur tes bords mon amante épanchée
Charmoit par ſes baiſers ton onde fortunée.
Les Nayades, pour voir ce chef-d'œuvre des Cieux,
Suſpendoient de tes flots le cours impétueux,
Et cédant au torrent de l'onde fugitive,
S'éloignoient à regret de cette heureuſe Rive.
Pleurés mes yeux, pleurés de ſi tendres amours,
Soupirs, plaintes, ſanglots prenés un libre cours.
Vous ſeuls pouvés flatter ma tendreſſe éplorée.
Pour ne penſer qu'en toi, chere ombre, ô Galatée,
J'errerai toujours ſeul dans ces triſtes forêts,
Qui t'empruntoient jadis de ſi charmans attraits;
Par de frequens ſanglots ma voix interrompue,
Rendra ces lieux témoins du chagrin qui me tue,

Et pouſſant juſqu'aux cieux de lugubres
accens,
Féra gemir l'Echo de mes gemiſſemens:
Pour adoucir mes maux d'un ſeul mot
qui m'enchante,
Sans ceſſe il redira le nom de mon amante.
Mais toi près d'un Ciprés qui ſoupires
ces vers,
Que n'exprimes tu mieux, Muſe, les
maux divers,
Les plaintes, les tranſports où mon cœur
s'abandonne?
Chere ombre qui m'entens, à ton amant
pardonne;
Pardonne aux triſtes pleurs qu'ici tu
fais couler;
L'excès de ma douleur m'empêche de
parler.
Pour peindre mes tourmens Nature eſt
impuiſſante;
J'ai tout perdu, Grands Dieux! en per-
dant mon amante.
Ne cherchant déſormais que d'innocens
plaiſirs,
Mon cœur ne formera que de chaſtes de-
ſirs;
Tendre & perfide eſpoir du plus doux
Hymenée,

Vous rendés à jamais ma vie infortunée ;
Nymphe, lorſque la Parque aura tranché
mes jours,
Je veux t'offrir encor de conſtantes a-
mours ;
Et m'uniſſant aux chœurs de l'heureux
Elyſée,
Je chanterai toujours ma belle Galatée.

J. O... M.... D. M.

LA

LA CHAMBRE DE JUSTICE.

Etablie au commencemencement de la Régence en 1715.

ODE.

TOi dont le redoutable Alcée,
Suivoit les transports & la voix,
Muse viens peindre à ma pensée
La France reduite aux abois.
Je me livre à ta violence,

C'eſt trop dans un lache ſilence,
Nourir d'inutiles douleurs.
Je vais dans l'ardeur qui m'enflame,
Flétrir le tribunal infame,
Qui met le comble à nos malheurs.

Une tirannique induſtrie
Epuiſe aujourd'hui ſon ſçavoir.
Son implacable barbarie,
Se meſure ſur ſon pouvoir
Le délateur, monſtre exécrable,
Eſt orné d'un titre honorable,
A la honte de notre nom.
L'eſclave fait trembler ſon maitre,
Enfin nous allons voir renaitre,
Les tems de Claude & de Néron.

Envain l'Auteur de la Nature,
S'eſt reſervé le fond des cœurs
Si l'orgueilleuſe créature,
Oſé en ſonder les profondeurs.
Une ordonnance criminéle,
Veut qu'en public chacun revéle,
Les oprobres de ſa maiſon,

Et

Et pour couronner l'entreprise,
On fait d'un Païs de franchise,
Une immense & vaste prison.

❧

Quel gouffre sous mes pas s'entre-
ouvre?
Quels spectres me glacent d'effroi?
L'Enfer ténebreux se découvre,
C'est Tisiphone; je la voi.
La terreur, l'envie & la rage
Guident son funeste passage,
Des foudres partent de ses yeux,
Elle tient dans ses mains perfides
Un tas de glaives homicides,
Dont elle arme des furieux.

❧

Déja la troupe meurtriere,
Commence ses sanglans exploits,
Elle ouvre l'affreuse carriere,
Par le renversement des Loix.
Contre la force & l'imposture,
La foi, la candeur, la droiture,
Sont des aziles impuissans,
Tout cede à l'horrible tempête,

S'il tombe une coupable tête,
On égorge mille innocens.

Tel ſortant du Mont de Sicile,
Un torrent de ſouffre enflâmé
Engloutit un terroir fertile,
Et ſon habitant alarmé.
Tel un loup fumant de carnage,
Envelope dans ſon ravage,
Les Bergers avec les troupeaux.
Tel étoit moins terrible encore
La fatale Boëte où Pandore,
Cachoit à nos yeux tous les maux.

Dans cet odieux paralelle,
Ne rencontrés vous pas vos traits,
Magiſtrats d'un nouveau modele,
Que l'Enfer en couroux a faits?
Vils Partiſans de la fortune,
Que les cris du foible importune,
Par qui les bons ſont abatus,
Chez qui la cruauté farouche,
Les prejugés au regard louche
Tiennent la place de vertus.

Nous

Nous périſſons, tout ſe dérange,
Tous les états ſont confondus,
Par tout regne un deſordre étrange,
On ne voit qu'hommes éperdus,
Leurs cœurs ſont fermés à la joye,
Leurs biens vont devenir la proye
De leurs ennemis triomphans,
O deſeſpoir! notre Patrie
N'eſt plus qu'une mere en furie,
Qui met en piéces ſes enfans.

Je ſens que ma crainte redouble,
Le Ciel s'obſtine à nous punir,
Que d'objets affligeans me troublent!
Je lis dans le ſombre avenir.
Bientôt les guerres inteſtines,
Les maſſacres & les rapines,
Deviendront les jeux des mortels,
On ſouillera le ſanctuaire,
Les Dieux d'une terre étrangere,
Vont deshonorer nos autels.

Vieille erreur reſpect chimerique,
Sortez de nos cœurs mutinez.
Chaſſons le ſommeil létargique,
Qui nous a tenus enchainez.
Peuples que la flâme s'aprête,
J'ai, déja ſemblable au Prophete,
Percé le mur d'iniquité,
Volez, détruiſez l'injuſtice,
Saiſiſſez au bout de la lice,
La déſirable liberté.

SUR LE MEME SUJET.

VEnus ne connoit plus la joye,
On voit pleurer les jeux, les ris,
Helas diſent ils, l'on foudroye,
Nos plus opulens favoris.

D'encens, de quelque vent frivole,
On repaiſſoit les immortels,

Tan-

Tandis que les flots du Pactole,
Sans cesse inondoient mes autels.

Plutus étoit inépuisable,
Comus ordonnoit mes ragouts,
Pour garnir de Nectar ma table,
Dieux, je vous faisois jeuner tous.

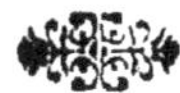

Aussi nulle beauté rebelle,
Pour mes financiers si cheris.
A Venus pomme d'or nouvelle,
Nouvelle Hélene à mes Paris.

Mais je peris par leur naufrage,
C'étoit mon meilleur revenu.
Mon fils, comme un petit sauvage,
Desormais vous irez tout nu.

Tant mieux, dit Minerve, j'ai honte
De vous voir tant verser de pleurs,
Riez,

Riez, des Temples d'Amatonte,
On chaſſe les prophanateurs.

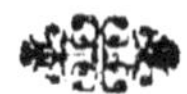

L'Amour n'avoit plus en partage
L'Empire de tout l'univers.
L'Amour étoit en eſclavage,
Plutus avoit doré ſes fers.

Soupirs, doux ſoins, tendre langage.
Source de nos plus purs honneurs,
Depuis ſi longtems hors d'uſage,
Redeviendront le prix des cœurs.

La ſageſſe que l'on reſpecte,
Pourra même aimer à ſon tour,
L'avarice n'eſt plus ſuſpecte
D'empoiſonner les traits d'amour.

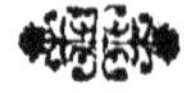

Sachez que j'ai dans mon Empire
Un objet de tous reveré,

Amour

Amour, il pourra te ſourire,
En voyant ton culte épuré.

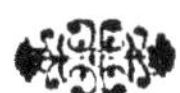

Minerve à la tendre Déeſſe
Vous nomme, & l'apaiſe ſoudain.
Vous aimerez, belle Ducheſſe,
Minerve promet-elle envain ?

CHANSON.

MA charmante Nanette,
J'entens un petit bruit,
C'eſt ton cul qui caquette,
Aprens moi ce qu'il dit.
Auroit-il reçu quelque injure,
Dont il murmure ?
A t'il quelque chagrin,
Contre ſon bon voiſin ?

Parlons en confidence,
Ce voiſin ſi mignon,
Prend il en patience,

Cet-

Cette eſpece d'affront?
Je voudrois, quand tu lui lâche
Sur la mouſtache,
Un petit camouflet,
Voir la mine qu'il fait.

A U T R E.

Sur l'Air, aſſis ſur l'Herbette.

LA Reine ſi belle,
Qu'on aime ſi fort,
Pourquoi ne vient elle?
Vraiment elle a tort.
Son Louis ſoupire
Après ſes appas.
Que veut-elle dire
De ne venir pas?

S'il ne la poſſede,
Il s'en va mourir,
Portons y remede
Allons la quérir.

Hâ-

Hâtons le voyage,
Un siécle doré,
En ce mariage,
Nous est assuré.

Mais par quelle route,
Aller la chercher?
Nous n'y voyons goute,
Pourquoi la cacher?
Aimable anonime,
Viens donc promptement,
La France t'estime,
Sans sçavoir comment.

AUTRE.

Sur la mort de Louis XIV.

QUel prodige surnaturel,
En ces lieux va paroitre?
Que vois-je? c'est l'homme immortel,
Qui veut cesser de l'être.
Tremblez ô peuples de Sion,
La faridondaine la faridondon,
Plus d'un malheur je vous prédis biribi,

A la façon de barbari mon Ami.

La mort ſe préſente à ſes yeux,
Sous une autre couronne.
Je le vois qui fait ſes adieux,
A ſa toute mignonne,
Je meurs, dit-il, c'eſt pour raiſon,
La faridondaine, la faridondon,
Vous ſerez Reine à S. Denis &c.
A la façon de Barbari.

Il ſe trouve avec le Dauphin,
Et lui tient ce langage:
Mignon je vous laiſſe à la fin
Un charmant héritage.
Profitez en, car il eſt bon,
La faridondaine la faridondon,
Depuis la paix tout y fleurit &c.
A la façon, &c.

Enſuite il parle à ſon neveu,
Et lui dit ce qu'il penſe.

Je

Je meurs content puiſque dans peu,
Vous aurez la Régence.
Mon teſtament vous en fait don,
La faridondaine la faridondon,
Mon dernier Codicile auſſi Biribi,
A la façon, &c.

Tellier ſans ſe faire apeler,
S'approche & plein de zèle,
Si vous voulez, dit-il, aller
A la gloire éternelle.
Laiſſez moi la commiſſion,
La faridondaine la faridondon,
De remplir vos devoirs ici. Biribi,
A la façon, &c.

Le Roi répond je le veux bien,
Nommez aux Benefices.
Je vous connois homme de bien,
Sans fraude & ſans malice.
Ah! Sire, que vous êtes bon!
La faridondaine, la faridondon,
Dit le Confeſſeur attendri biribi,
A la façon, &c.

Louis voyant ſa Cour en pleurs,
Lui parle & la conſole.
Adieu pour toujours, je me meurs,
Car je perds la parole.
Alors ſe tait le grand Bourbon,
La faridondaine, la faridondon,
Laiſſant à penſer bien de lui biribi,
A la façon, &c.

François préparez vous au deuil,
Je le voi qui expire.
Il entre enfin dans le cercueil,
En héros qu'on admire.
Plongez vous dans l'affliction,
La faridondaine, la faridondon,
Puiſque vous perdez tout en lui biribi,
A la façon, &c.

Je voi Philippe au Parlement,
Demander la Regence.
Doit-il y paroitre content?

Il

Il n'aura rien je penſe.
Car ſuivant ma prédiction,
La faridondaine, la faridondon,
Le Teſtament ſera ſuivi biribi,
A la façon, &c.

Peuples courez voir en pleurant
L'honneur du diadême.
La mort dans ſon char triomphant,
A St. Denis l'emméne,
Que de filles ſe ſouviendront!
La faridondaine, la faridondon,
D'avoir veu ſon convoi de nuit biribi,
A la façon, &c.

Hélas, falloit-il qu'il mourut,
Ce Prince tant aimable?
Son zèle pour notre ſalut,
Etoit inconcevable.
Avec la Conſtitution,
La faridondaine, la faridondon,
Il nous menoit en Paradis biribi,
A la façon, &c.

Sa sagesse & son équité
Brilleront dans l'Histoire.
Par lui le merité exalté
En publiera la gloire.
Et du Pérou jusqu'au Japon,
La faridondaine, la faridondon,
On ne parlera que de lui biribi,
A la façon, &c.

Si vous étiez chargez d'impôts,
Il n'en étoit point cause.
Il desiroit notre repos,
Pouvoit-il autre chose?
Vous lui faisiez compassion,
La faridondaine, la faridondon,
Il songeoit plus à vous qu'à lui biribi,
A la façon, &c.

Vous alliez vivre tous heureux,
Dans une paix profonde.
Son ardeur à combler nos vœux,
L'auroit rendue féconde.

C'étoit-

C'étoit-là ſon ambition,
La faridondaine, la faridondon,
Mais voila votre eſpoir détruit biribi,
A la façon, &c.

Il eut, ſenſible à vos beſoins,
  Fait regner l'innocence,
Il eut retabli par ſes ſoins,
  Bientôt la confiance.
Il y travailloit tout de bon,
La faridondaine, la faridondon,
Avec Desmarêts & Berci biribi,
A la façon, &c.

Pour faire circuler l'argent,
  Il aimoit la dépenſe.
Sa parole étoit du comptant,
  Tout alloit bien en France.
Chacun charmé d'un Roi ſi bon,
La faridondaine, la faridondon,
Diſoit par tout vive Louis,
A la façon, &c.

Ainſi reſpectez Desmarêts,
Son Miniſtre fidelle.
Reconnoiſſez à ſes arrêts,
Son merite & ſon zèle.
Et pour la veuve de Scarron,
La faridondaine, la faridondon,
Ayez bien du reſpect auſſi biribi,
A la façon, &c.

Aimez le Pere le Tellier,
Suivez ſon Evangile,
Croyez Fagon dans ſon metier
Auſſi ſçavant qu'habile.
Fuïez Queſnel & ſes leçons,
La faridondaine, la faridondon,
Proſternez-vous devant Biſſy, biribi,
A la façon, &c.

Paſſant-ci gît Louis le Grand,
Qui fit plus qu'Alexandre,
Quand il mourut, ce conquerant,
N'avoit plus rien à prendre,

Hom-

Homme, femme, fille & garçon,
La faridondaine, la faridondon,
Dites de profundis pour lui, biribi,
A la façon, &c.

IMPROMPTU.

TOut le monde ici critique,
En voyant paſſer les Sceaux
Dans les mains d'un fanatique,
Qui ſuplante Dagueſſeau.
Mais le coup partant d'un borgne,
Sans peine on peut concevoir,
Que c'eſt un tireur qui lorgne,
Et viſe du blanc au noir.

AUTRE.

QU'on ruine la finance
Du pauvre peuple badault;
Que le Regent de la France
Soutire un autre tonneau.
Qu'à Noailles l'on permette
De piller impunement,

Pourvu qu'après on le mette,
A la place du Normant.

VAUDEVILLES.

LA Bulle a plus d'un défaut,
Qu'on chante aujourd'hui tout haut
Et contre la foi,
Et contre le Roi.
J'en dirois plus encor, eh! quoi?
Mais trop longue est la fable,
Celle in Cena Domini,
Et Lunam Sanctam aussi,
Que nous rejettons,
Que nous détestons.
Ne sont pas plus mauvaises,
Leurs menaces nous méprisons,
Ce sont toutes fadaises.

Concile National,
Vous ne férez plus de mal,
L'horrible dessein!
Du grand Chauvelin;
Pour vous prêter main forte,
Dieu

Dieu le renverſe un beau matin.
Et toute ſa cohorte,
Le beau mignon de Rohan,
Ce ballon rempli de vent,
Eſt pris par le bec,
Fut-il de Lamec,
Autant par la naïſſance,
Que de Conan Mériadec,
La véritable engeance.

Que dirons nous de Biſſy?
Pour moi j'en dirai fi, fi.
L'hiard fâcheux,
L'hiard furieux.
Pour ſupplanter Noailles,
Faiſoit le manége odieux
d'Evêque de Verſailles.

Le Prélat de Montpellier,
N'a rien voulu publier,
Ah! qu'il a bien fait!
Son procédé net
Le rend très reſpectable.
Et ſi ſon ouvrage il parfait,

Il eſt incomparable.
Partiſans de Molina,
Vous puez comme Ka, Ka.
Noailles dément,
Le Pape Clément.
Diſciple de Sfondrate.
Il reçeut au Parlement,
Un vilain coup de pate.

L'audacieux le Tellier,
Qui nous faiſoit tous plier,
Honteux & confus,
Ne ſe verra plus,
Traiter de révérence,
Car le voilà, dit-on, exclus
Du conſeil de Conſcience.

Vers le Pape avec honneur,
Targni docte, ou bien docteu
Envoyé du Roi,
Revient chez Louvoi,
Et ne comprens pas comme
Il trouve tout en deſaroi.
A ſon retour de Rome.

Ré-

Retirez-vous à Pamprou,
Peres dont nous avons prou.
Tallement, Doucin,
Daniel, Hardouin.
Et vous grand Tournemine,
Eſprit & cœur Ultramontain,
Vous faites triſte mine.

L'inſtruction des Prélats,
Dont ils faiſoient ſi grand cas,
Eſt à remotis,
Et tous interdits
D'une démarche lente,
Nos Seigneurs les quarante.

Pontchartrain l'euſſe tu cru?
Dom Jérôme eſt revenu.
On revoit ici,
Thierry, Dabiſſy
Tarquois, Habert, Vitaſſe
Bragelone & Bidal auſſi
Qui reprendront leur place.
Quel revers ſouffre en ce tems,
Le correcteur des Feuillans,

Ce

Ce futur Prélat,
Cet imposteur fat,
Cet homme nécessaire,
Hériau que fortune abat,
Déplore sa misere.
Nos Prélats & nos Docteurs,
Revenus de leurs frayeurs.
S'en vont en repos,
Gaillards & dispos
Nous précher l'Evangile,
Auquel ils ont tourné le dos,
Dans un tems moins facile.

Les sçavans & bons Curés,
Heureusement delivrés,
Des Déclamateurs,
Des délateurs,
Réformeront les Théses
Des Mandarins Prédicateurs.
Qui s'emparent des chaises.
Enfin l'Eglise & l'Etat,
Vont reprendre leur éclat.
On verra la paix,
Regner desormais,
En tous lieux dans la France,
Et l'on ne se plaindra jamais

De

De la ſage Régence, lon la
De la ſage Régence.

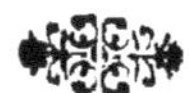

CHANSON LIBRE.

Sur l'air du Branle de Mets.

LE Dieu d'Amour à Cythere,
Vient d'ouvrir ſon Jubilé,
Tout amant eſt appellé,
A l'indulgence pleniere,
Belle Iris pour en tâter,
Je ſçai la bonne maniére,
Belle &c.
Faut à moi s'en raporter.

Je veux faire ſur ta bouche,
D'abord une ſtation.
Mais à ma dévotion,
Garde toi d'être farouche,
Il faut qu'un même deſir,
Egalement ton cœur touche,
Il &c.
Nous faſſe un commun plaiſir.

La

Là ma priere finie,
Je pourſuivrai mon chemin,
Et j'irai ſur ton blanc ſein,
Dire auſſi ma Litanie.
En parcourant tous les lieux,
De cette terre choiſie,
En &c.
On fait office pieux.

Bref ponr ſtation derniere,
Deſcendant un peu plus bas,
J'irai ſur d'autres appas,
Finir ma ſainte carriere.
Mais il faut un cœur bien droit,
Pour ſe tirer là d'affaire,
Mais &c.
En entrant dans cet endroit.

C'eſt un temple tout d'ébene,
Sur un double pied d'Eſtail,
Dont la porte de Corail,
Ne ſemble s'ouvrir qu'à peine,

Mais

Mais moins le paſſage eſt grand
Quand un bon motif y méne.
Mais &c.
Mieux on ſe trouve dedans.

Pour lors le temple facile
Daigne a nos vœux ſe préter,
Vous le voyez s'agiter
Sur ſon fondement mobile.
Une ſource de plaiſir
De la voute enfin diſtile
Une &c.
Eteint nos brulans deſirs.

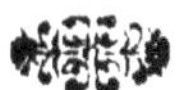

Pour faire œuvre méritoire,
J'adreſſerai dans ce lieu,
En remerciant le Dieu,
Oraiſon jaculatoire.
Par plus d'une aſperſion
J'arroſerai l'Oratoire,
Par &c.
Je finirai l'oraiſon.

CHANSON.

Sur le Missisipi.

CHantons tous l'établissement
De la Compagnie d'Occident,
Lon lan la derirette,
Autrement de Missisipi,
Lon lan la &c.

Pour lui donner plus de credit,
On met à la tête un proscrit,
Lon lan &c.
Qu'on voulut pendre en son païs,
Lon lan &c.

Noailles de son cabinet
A fait sortir ce grand projet,
Lon lan &c.
Qu'il est beau d'avoir de l'esprit !
Lon lan &c.

Le

Le pais n'eſt point habité,
Mais il ſera bien fréquenté,
  Lon lan &c.
Peut être dans cent ans d'ici.
  Lon lan &c.

Des filles on y enverra,
Et d'abord on les marira,
  Lon lan &c.
Si on leur trouve des maris.
  Lon lan &c.

Les Mines on y fouillera,
Car ſans doute on en trouvera,
  Lon lan &c.
Si la nature y en a mis.
  Lon lan &c.

Nos Billets vont être payez,
Car les fonds en ſont aſſurez,

Lon lan &c.
Sur l'or qu'elles auront produit.
Lon lan &c.

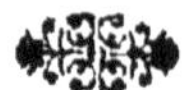

Croizat qui n'aime point l'argent,
Craignant d'être trop opulent,
Lon lan &c.
A laiſſé le Miſſiſippi.
Lon lan &c.

Pour policer ce grand pays,
On va faire bien des Edits,
Lon lan &c.
On en &c.
Lon lan &c.

Pour premier établiſſement,
On enverra le Parlement,
Lon lan &c.
Qui ne nous ſert de rien ici.
Lon lan &c.

Des

Des farceurs on y menera,
Du Coudrai ſon role y jouera,
Lon lan &c.
Pour rejouir Miſſiſippi.
Lon lan &c.

Noailles aura ſoin d'enſeigner,
La maniere de gouverner,
Lon lan &c.
Et celle de détruire auſſi.
Lon lan &c.

Des Rentes on aſſignera,
Et puis on les ſuprimera,
Lon lan &c.
On s'en paſſera Dieu merci,
Lon lan &c.

Le Pape même y envoyera,
La foi, la Bulle & cætera,
Lon lan &c.
Par le Cardinal de Biſſy.

Lon lan &c.

Tous les jeux on y défendra,
Lausquenet, Pharaon, Hoca,
Lon lan &c.
Comme on l'observe dans Paris.
Lon lan &c.

AUTRE CHANSON.

Sur le même air de, Lon lan derirette, &c.

CElebrons tous incessamment,
Le glorieux gouvernement,
Lon lan la derirette,
De nos Princes du Ciel chéris,
Lon lan la deriry.

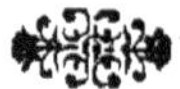

L'Aveugle a le rang au dessus,
Le borgne suit, puis le bossu,

Lon

Lon lan &c.
Un Boiteux y prend place auſſi,
Lon lan &c.

Ne diſons rien de l'Amiral,
Car il ne fait ni bien ni mal,
Lon lan la &c.
Quelquefois il eſt aplaudi,
Lon lan la &c.

Après eux vient le Chancelier,
Qui ſe pique de bien parler,
Lon lan &c.
Et ne ſçait ſouvent ce qu'il dit,
Lon lan &c.

Nos Pairs dont parle chaque Edit,
Les autres Notables auſſi,
Lon lan &c.
Paroiſſent dans le rang qui ſuit,
Lon lan &c.

D'abord eſt le petit Simon,
Qui tout d'un coup eſt furibon,
Lon lan &c.
Quand un juge eſt ſur le tapis,
Lon lan &c.

Près de lui le grand Marêchal,
Dont la Perruque eſt le ſignal,
Lon lan &c.
De ce qu'il blame ou applaudit,
Lon lan &c.

Puis Tallard en vieux Courtiſan
Voudroit obſerver le Régent,
Lon lan &c.
Mais il ne voit pas juſqu'à lui,
Lon lan &c.

Ainſi qu'un ſanglier couru,
Le gros Béſons toujours bouru,
Lon lan &c.
Eſt du dernier avis qu'on dit,

Lon

Lon lan &c.

Vient le relaps impertinent,
Qui voudroit ſe rendre important,
Lon lan &c.
Et que tout pût paſſer par lui,
Lon lan &c.

Le Pelletier d'un air pédant,
Veut marmoter entre ſes dents,
Lon lan &c.
Perſonne n'eſt plus au logis,
Lon lan &c.

De Torcy aime à jaboter,
Mais ſouvent las de l'écouter,
Lon lan &c.
On compte pour peu ce qu'il dit,
Lon lan &c.

On voit un petit potiron,
Qui grifonne ſur un chifon,

Lon lan &c.
Toutes les ſotiſes qu'on dit,
Lon lan &c.

Ce beau Conſeil eſt terminé,
Par un véritable uſurier,
Lon lan &c.
Qui s'eſt placé là par dépit.
Lon lan &c.

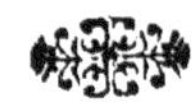

AUTRE.

Sur l'Air, Lere là, Laire, &c.

PH... eſt un joli mignon,
Qui ſe ſoule comme un cochon,
Les ſoirs avec la Parabere,
Lere &c.

Sa groſſe fille la Berry,
Toujours armée d'un grand v..
F.. par devant & par derriere,
Lere &c.

Il

Il croit qu'il a de la vertu,
Parce qu'il ne f. pas en cu,
Comme défunt Mr. ſon Pere,
Lere &c.

Bourbon veut les bâtards chaſſer,
Il féroit bien mieux de ſangler
Sa laide jument pouliniere.

Pour Conti c'eſt un Poliſſon,
Quelle f. race Bourbon,
Nous a laiſſé M. ſon Pere?

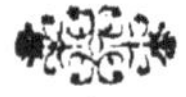

La pauvre Conſtitution,
N'eſt plus qu'une Marie Chifon,
Très propre à torcher mon derriere.

Les Jéſuites ſont déconfits,
On les verra bientôt tapis,
Dans le C. de notre St. Pere.

NOELS

NOELS NOUVEAUX,

Tous les Bourgeois de Chartres.

TOute la Cour de France,
Les grands & les petits,
Apprenant la naiſſance,
Du Dieu de Paradis,
S'en vont à Bethleem,
Le Régent à leur tête.
Qui voyant le poupon don don,
Eſt-ce pour celui-là, la, la
Qu'on fait ſi grande fête.

Appercevant Marie,
Si gracieuſe à voir,
Il lui dit je vous prie,
A ſouper pour ce ſoir
Venez chez la Berry,
Vous férez bonne chere,
Nous nous enyvrerons don, don.
Nocez même y ſera la, la,
Et non la Parabere.

Plus

Plus grave que Socrate,
Le Chancelier entra,
Et Fleuri ſon Achate
Près de lui ſe montra.
De vous & du Régent,
Je ne veux que la grace.
Mais à condition don, don
Qu'on ne me ſonnera la, la,
Que la grace efficace.

D'un ton de Pédagogue,
Il dit au Dieu naiſſant,
Contre la Sinagogue,
Arme ton bras puiſſant.
Renverſe pour jamais
Cette Egliſe profane.
Mais grace à nos Canons don, don,
Il n'endommagea pas la, la,
L'Egliſe Gallicane.

Après la Politique,
Tallard s'eſt approché,
En diſant, la Critique

Deux ans m'a délaiſſé.
Je frondois juſtement,
Ce qu'on faiſoit en France,
Mais j'ai changé de ton don, don,
Depuis ſix mois en ça, la, la,
J'admire la Régence.

A Jeſus-Chriſt d'Uxelles,
Ne croiant nullement,
Dit foin de vos cervelles,
Foin du Gouvernement.
Ce Diable de Régent
Veut tout perdre, ou je meure,
Par la morbleu quittons don, don.
Content de ce bruit, la, la, la
Le Marêchal demeure.

Suivi de ſa Cohorte,
St. Simon Choubreau
S'écria de la porte,
He! quoi point de Carreaux!
Nous voulons ſoutenir,
Les droits de la patrie,
Ici nous, proteſtons don, don,

Que

Que nous n'adorons pas la, la,
Le Dieu fils de Marie.

Sur le bruit que des Anges,
Paroiſſoient dans ces lieux,
Et chantoient les louanges,
Du Souverain des Cieux,
Canillac dit preſſé
D'aller à leur rencontre,
Où ſont ces beaux garçons don, don?
Je ne les vois pas la, la, la,
Vîte qu'on me les montre.

Du fond de ſa Cahute,
Vint l'Evêque de Laon,
Qui dit ſur la diſpute,
Seigneur voyez mon plan.
Je ne prens point parti,
Comme font tous les autres,
Car tantôt je dis non, don, don,
Et puis après oui da la, la,
Suivant qu'il plaît aux autres.

Arrivant d'Angleterre,
L'Ambaſſadeur Du Bois,
En mettant pied à terre,
Aperçut les trois Rois.
Faiſons vîte un traité,
Dit-il avec ces Princes.
Offrons des Millions don, don,
S'ils ne ſuffiſent pas la, la,
Lâchons quelques Provinces.

Groſſe à pleine ceinture,
La féconde Berry,
Dit en humble poſture,
Et le cœur bien contry,
Seigneur je n'aurai plus
Les mœurs auſſi gaillardes,
Je ne veux que Riom don, don,
Quelquefois le Papa la, la,
Et rarement mes gardes.

Des premiers à la crêche,

Arri-

Arriva Mortemart,
Avec mine très ſéche,
Et farouche regard,
Diſant je veux ici
Me garder de ſurpriſe.
Les bâtards y viendront don, don,
Et je ne prétens pas la, la,
Leur ceder la chemiſe.

DISCOURS

QUE DEVOIT PRONONCER

Mr. L'ABBE' SEGUI,

Pour ſa réception à l'Académie Françoiſe.

MESSIEURS,

VOus couronnez aujourd'hui votre Ouvrage : Après m'avoir *doté*, vous m'*adoptez* (1). Puis-je trop *reconnoître* des bienfaits qui m'ont fait *connoître*? D'une profonde

(1) Le Panégyrique de St. *Louis*, prononcé à l'Académie Françoiſe, valut à l'Abbé *Segui* une Abbaye, que cette Compagnie obtint pour lui. Quand il alla demander à Mr. *Danchet* ſon ſuffrage pour l'Académie, il lui dit qu'il ſembloit qu'elle l'eût déjà adopté. *Dites plutôt*, lui repliqua Mr. Danchet, *qu'elle vous a doté.*

de obscurité (1), je passe tout à coup dans le plus grand jour. Il m'éblouit sur moi-même ; il m'éclaire sur vos mérites. En m'associant à vous, je sens que je deviens un nouvel homme. Tout ce qui me restoit de ténébres s'évanouit, ou s'épure, & je jouis d'une Apothéose anticipée.

Placé au faite du Temple de la Gloire, je ne vois plus le reste des Ecrivains que comme des Atômes. Le Barreau, la Chaire, le Théatre reclament en vain leurs prétendus Illustres ; leurs Ouvrages sont tarés à mes yeux, & ne passeront qu'en fraude à la Posterité, tant qu'ils ne seront pas plombés de votre Sceau de L'IMMORTALITÉ. (2)

Oui, MESSIEURS, je soutiens avec votre *sincére Historien* (3), que vous possédez ce que le Siécle peut citer de meilleur en tout genre, Poëtes, Orateurs, Historiens, Critiques. Nul vrai talent, qui ne soit dans l'Académie, ou qui ne lui soit destiné. J'entre dans vos sentimens ;

(1) Il n'étoit que simple Aumonier du Collége de *Beauvais*, à 300 livres de pension.

(2) C'est la Devise de l'Académie Françoise.

(3) L'Abbé *d'Olivet*.

mens ; depuis longtems je me les ſuis apropriés, & par-là je ſuis devenu à peu près digne de vous.

Plus heureux que l'Illuſtre Abbé *Cotin*, le grand Titre d'*Académicien* aménera deſormais la foule à mes Sermons, que perſonne ne venoit entendre. Ainſi l'honneur que vous m'avez fait intereſſe la Religion. Cet honneur que les *Mabouls*, les *du Jarys*, les *Anſelmes*, les *Prévôts* (1), par le mérite de leurs Prédications & par tous leurs funebres Panégyriques, n'ont pu obtenir, je l'obtiens moi, par un ſeul *Diſcours* (2), objet de l'injuſtice & du mépris du Public, dont votre choix, MESSIEURS, me vange glorieuſement.

C'eſt à moi aujourd'hui de m'acquitter de tout ce que je vous dois par un noble & heureux tiſſu de louanges. La louange, MESSIEURS, eſt la monnoie courante dans votre Empire. Par elle, on ſa-

(1) Celui-ci n'eſt pas l'Auteur de *Manon Leſcot*.

(2) L'Oraiſon funebre du Maréchal *de Villars*, dont l'Abbé *Segui* fut chargé au défaut du Pere *Tournemine*, qui ne voulut pas reformer dans la ſienne des traits ſatyriques contre les Devots *Pariſtes*.

ſatisfait ici à tous ſes engagemens; frapée à différens coins, elle ſouffre mille refontes nouvelles.

Tout eſt dit ſur *Richelieu* votre Fondateur, ſur votre Protecteur *Seguier*, & ſur le Grand Monarque à qui vous devez votre principale illuſtration.

J'ai peu de choſe à dire de mon Prédéceſſeur (1); ſa Mémoire eſt trop recente pour me laiſſer le droit d'imaginer. (2) S'il n'a rien écrit qui ſoit connu, comptons-lui le mérite de la modeſtie. Quelle autre cauſe peut-on donner du ſilence d'un Académicien?

Mais pourquoi m'occupai-je d'objets qui ne ſont plus, tandis que les objets préſens épuiſent mon admiration? Me ſera-t-il permis, MESSIEURS, à l'exemple du célebre *la Bruyere*, de crayonner une partie des Grands Hommes qui compoſent aujourd'hui votre illuſtre Corps? Dans mes peintures, je n'emprunterai rien de lui; j'ai à peindre des perſonnages bien différens.

Il

(1) Mr. *Adam* qui avoit été Valet de Chambre de Mr. le Duc de *Chaulnes*.

(2) *Son Eloge eſt fait tout d'abord,*
Adam *vivoit*, Adam *eſt mort.*

Il eſt des traits marqués que le Pinceau ſaiſit d'abord. Il en eſt de délicats & de fins, & pour ainſi dire de caprice, que la Nature s'eſt plû de former & que l'Art a plus de peine à rendre. Supléez donc, MESSIEURS, à ma foibleſſe, & contentez-vous de l'Eſquiſſe que j'oſe vous préſenter.

Je peindrai légérement ce joli Naturaliſte de nos jours (1), dont la ſagacité ſert la Galanterie, ce *Pline François*, cet ingénieux Hiſtoriographe des *Dieux miaulans de l'Egypte*, que vous avez ſi librement reçu & ſi cordialement conſervé. Je décorerai d'une Couronne Civique ce grand Philoſophe (2), qui a ſi bien mérité de la Patrie par ſa docte Apologie des *Billets de Banque* & par les aménités de ſon *Purgatoire*. Je lui joindrai cet affable Miniſtre (3) de *Plutus*, qui aiant mis les Finances à la teinture des *Muſes*, adoucit la rigueur des Tributs par ſes maniéres humbles, modeſtes & polies, & n'eſt pas encore eſtimé le

(1) Mr. *Demoncrif*, Auteur de l'Ouvrage intitulé *les Chats*.

(2) L'Abbé *Terraſſon*, Auteur du *Roman de Sethos*.

(3) Mr. *Mallet*, principal Directeur du *Dixiéme*.

le *Dixiéme* de ce qu'il vaut. Je releverai la Pourpre de ce Magiſtrat (1) qui a ſi long-tems égayé la ſévére *Themis*, & qui, à l'exemple du célébre *Coulange*, a ſacrifié au tendre *Vaudeville* la faſtidieuſe étude de la Chicanne. A côté de ce Grand Homme je placerai l'illuſtre *Maitre* (2) qui rend au Public des *Comptes* ſi fidéles de ſes Talens : Genie heureux, qui nous a exprimé toute l'énergie de l'*Homere* des *Anglois* (3) ; modéle des Traducteurs, & modéle ſi accompli, que l'envie n'a pû armer contre ce Chef-d'œuvre, que l'incrédulité, qu'une ſuppoſition de part, & que l'allégation d'un enfantement étranger.

Auprès de ces rians & agréables Auteurs, je placerai, par un favorable contraſte, des Savans du premier ordre, tels que ce *Saumaiſe* moderne (4), cet Homme ſi profond en *Hébreu* & en *Grec*, qu'il ſemble avoir ſacrifié à ces deux Langues

(1) Le Préſident *Hainault*.

(2) Mr. *Dupré* de St. Maur, Maitre des Comptes.

(3) La Traduction de *Milton* par Mr. *Dupré* a été revendiquée par Mr. de *Boismorant* & autres.

(4) L'Abbé *Sallier*.

gues, le talent qu'il avoit pour aprendre la notre. J'irai enſuite chercher dans l'Antiquité le *Geryon à trois Têtes* ; pour peindre d'après lui cet Homme vénerable (1) inſcrit des premiers ſur votre Liſte & qui réunit en lui trois hommes différens, le Magiſtrat, l'Eccléſiaſtique, le Lettré. Ses vertus allégoriques ſeroient le ſujet de plus de tableaux & d'eſtampes qu'il n'en a laiſſé dans la plus riche Bibliotheque de l'Univers.

Quelles Provinces éloignées, quelles Villes, quelles Bourgades ignorent un nom glorieuſement imprimé tous les mois? Je parle du judicieux Aprobateur (2) du *Mercure*, qui, pour ainſi dire, en partage la gloire avec l'Auteur, & qui d'ailleurs s'eſt immortaliſé par ſon *Hiſtoire du Berger Daphnis.*

O vous, *Sophocle* de notre Siécle (3), qui ſouteniez autrefois le Théatre, & faiſiez ſucceder avec tant de rapidité vos Ouvrages les uns aux autres, hâtez-vous encore. Achevez cette Tragédie commencée

(1) L'Abbé *Bignon.*
(2) Mr. *Hardion.*
(3) Mr. *Crebillon* le Pere.

mencée & attendue depuis dix ans (1). Le Titre d'Académicien eſt-il un poids qui vous arrête? Jaloux de la correction craignez-vous de hazarder des fruits précoces? Une circonſpection politique a-t-elle rompu votre Commerce avec des fugitifs (2) ſuſpects? On vous permet de renouer ces Relations néceſſaires à la Scène & à votre Gloire.

Puiſſe ainſi mon zèle pour l'honneur de l'Académie juſtifier le choix dont elle m'honore! Quelle gloire pour moi d'avoir obtenu la préférence? Vous m'avez fait grace, MESSIEURS, il eſt vrai; faites-moi celle de ne vous en point repentir, l'exemple de ce choix excitera l'émulation. Que de dignes Aſpirans vont deſormais ſe préſenter à vos Portes!

Ouvrez-les au ſavant Compilateur (3) des *Cauſes célébres*; au délicat & judicieux *Annaliſte du Théatre François* (4); au

(1) Catilina.
(2) Les Chartreux d'Utrecht.
(3) Mr. *Guyot de Pitaval.*
(4) Mr. *de Beauchamps.*

au fécond Hiſtorien (1) des Accouchemens & des Enterremens de *Paris*, dont le diſcernement, l'Eſprit, & la Politeſſe brillent périodiquement quatorze fois chaque année ; enfin à l'ingénieux & très-humble Auteur de la Tragédie d'*Abenzaid* (2): Ouvrez-les à ce Lyrique Vétéran (3), dont *Paris* vient d'admirer le ſublime Genie dans la correction de l'Ouvrage imparfait (4) d'un de vos Confréres décedés. Si le Public vous reproche d'avoir abandonné à des mains étrangeres les Enfans poſthumes de l'Illuſtre *Houdart*, il vous demande au moins pour leur Curateur la recompenſe de leur avoir redreſſé les Membres, de leur en avoir ajouté de nouveaux & de leur avoir procuré en trois mois une fortune éclatante.

Vous placerez auſſi parmi vous *le Scuderi* de notre âge, cet inépuiſable Auteur,

(1) Mr. *de la Roque*, Auteur du *Mercure de France.*

(2) L'Abbé *le Blanc.*

(3) Mr. *de la Serre.*

(4) Opera de *Scandenberg*, qui a échoué.

teur, (1) ce millionnaire de Vers, ce venerable Prêtre d'*Apollon*, occupé depuis trente ans à desservir l'Opera, comme le Chef-lieu de son Bénéfice, sans négliger les Chapelles confiées à ses soins.

Voilà les hommes votables, les sujets capables de maintenir la Compagnie dans tout son lustre. Mais hélas! ils ne pouront y entrer qu'elle ne perde quelqu'un des précieux Membres qui la composent aujourd'hui, comme cela a été très-savamment démontré, il y a deux ans, dans un excellent Discours (2) prononcé en ce lieu. C'est ainsi que l'Académie, par un privilége admirable, perd lorsqu'elle gagne, & gagne lorsqu'elle perd.

Soyez persuadés, MESSIEURS, que personne ne sera plus zèlé que moi pour le maintien de vos saintes Loix, dictées par la Religion, par la Sagesse & par la Probité, & sur-tout du Statut édifiant, qui

(1) L'Abbé *Pellegrin*, nommé communément le *Chapelain de l'Opera*.

(2) A la reception du Duc *de Villars*.

qui ordonne que toute Place d'Académicien ſera honnêtement ſollicitée, de peur qu'un ſi Auguſte Corps ne ſe voye exposé à l'ignominie d'un modeſte refus. Que l'Epiſcopat, que l'Ordre du Saint-Eſprit, que le Trône même ne ſe croyent pas deshonorés par de pareils refus, qu'ils ont quelquefois eſſuyés. Pour vous, MESSIEURS, qui avez ſur l'honneur des délicateſſes imperceptibles, l'exemple de ce qu'il y a de plus grand ne ſera jamais un modéle pour vous, parceque vous étes le ſel de la Terre: *Vos eſtis ſal terræ*; ce ſel MESSIEURS, vous préſervera à jamais de la corruption, dans ce monde, & dans l'autre que je vous ſouhaite. *Ainſi ſoit-il.*

LE

LE
MONDAIN.

LE
MONDAIN.

REgrettera qui veut le bon vieux
Tems,
Et l'Age d'Or & le Regne
d'Astrée,
Et les beaux jours de Saturne & de Rhée,
Et le Jardin de nos premiers Parens:
Moi, je rends grace à la Nature sage,
Qui, pour mon bien, m'a fait naître en
cet âge
Tant décrié par nos pauvres Docteurs.
Ce tems profane est tout fait pour mes
mœurs.
J'aime le luxe, & même la molesse,
Tous les plaisirs, les Arts de toute espéce,
La propreté, le goût, les ornemens,

Tout

Tout honnête homme a de tels sentimens.
Il est bien doux pour mon cœur très-
immonde,
De voir ici l'abondance à la ronde,
Mere des Arts & des heureux travaux,
Nous apporter de sa source féconde,
Et des besoins & des plaisirs nouveaux.
L'Or de la Terre, & le Thrésor de
l'Onde,
Leurs habitans, & les peuples de l'Air,
Tout sert au luxe, aux plaisirs de ce
Monde;
Ah le bon tems que ce Siècle de Fer!
Le superflu, chose très-nécessaire,
A réuni l'un & l'autre Hémisphére.
Voyez-vous pas ces agiles Vaisseaux,
Qui du Texel, de Londres, de Bordeaux,
S'en vont chercher par un heureux é-
change,
De nouveaux biens, nés aux sources du
Gange?
Tandis qu'au loin Vainqueurs des Mu-
sulmans,
Nos Vins de France enyvrent les Sul-
tans.
Quand la Nature étoit dans son enfance,
Nos bons Ayeux vivoient dans l'inno-
cence,

Ne

Ne connoiſſant ni le *Tien*, ni le *Mien* ;
Qu'auroient-ils pu connoître ? ils n'a-
voient rien ;
Ils étoient nuds, & c'eſt choſe très-claire,
Que qui n'a rien, n'a nul partage à faire.
Sobres étoient, ah ! je le crois encor,
MARTIALO n'eſt point du Siècle d'Or.
D'un bon Vin frais ou la mouſſe, ou la
ſeve,
Ne grata point le triſte gozier d'Eve.
La Soye & l'Or ne brilloient point chez
eux,
Admirez-vous pour cela nos Ayeux ?
Il leur manquoit l'induſtrie & l'aiſance,
Eſt-ce vertu ? C'étoit pure ignorance.
Quel Idiot, s'il avoit eu pour lors
Quelque bon lit, auroit couché dehors ?
Mon cher Adam, mon vieux & triſte
Pere,
Je crois te voir en un recoin d'Edein,
Groſſiérement forger le Genre-Humain
En tourmentant Madame Eve ma mere.
Deux Singes verds, deux Chèvres, pieds
fourchus,
Sont moins hideux au fond de leur feuil-
lée.
Par le ſoleil votre face hâlée,
Vos bras velus, votre main écaillée,

Vos ongles longs, craſſeux, noirs & crochus,
Votre peau biſe, endurcie & brûlée,
Sont les attraits, ſont les charmes flateurs,
Dont l'aſſemblage allume vos ardeurs.
Bien-tôt laſſés de leur belle avanture,
Deſſous un Chêne ils ſoupent galamment,
Avec de l'eau, du millet, & du gland.
Le repas fait, ils dorment ſur la dure,
Voilà l'état de la pure Nature.
Or maintenant voulez-vous, mes Amis,
Savoir un peu, dans nos jours tant maudits,
Soit à Paris, ſoit dans Londre, ou dans Rome,
Quel eſt le train des jours d'un honnête homme?
Entrez chez lui; la foule de Baux-Arts,
Enfans du goût, ſe montre à vos regards.
De mille mains l'éclatante induſtrie,
De ces dehors orna la ſymmétrie.
L'heureux Pinceau, le ſuperbe Deſſein,
Du doux Correge & du ſavant Pouſſin
Sont encadrez dans l'Or d'une bordure:
C'eſt Bouchardon qui fit cette figure,
Et cet Argent fut poli par Germain:
Des Gobelins l'aiguille & la teinture
Dans ces Tapis égale la peinture;

Tous

Tous ces objets ſont vingt fois répetés,
Dans des Trumeaux tout brillans de clartés.
De ce Salon je vois par la fénêtre,
Dans des Jardins des Mirthes en berceaux.
J'en vois jaillir les bondiſſantes eaux.
Mais du logis j'entends ſortir le Maître.
Un Char commode avec que grace orné,
Par deux chevaux rapidement traîné,
Paroît aux yeux une Maiſon roulante,
Moitié dorée & moitié tranſparente:
Nonchalamment je l'y vois promené,
De deux reſſorts la liante ſoupleſſe,
Sur le pavé le porte avec moleſſe:
Il court au bain, les parfums les plus doux
Rendent ſa peau plus fraîche & plus polie.
Le plaiſir preſſe, il vole au rendez-vous;
Chez Camargo, chez Gauſſin, chez Julie,
* . . . .
Le tendre amour l'enyvre de faveurs.
Il faut ſe rendre à ce Palais magique †,
Où

* Il manque ici un vers qui ne s'eſt point trouvé dans la Copie.

† L'Opera.

Où les beaux Vers, la Danſe, la Muſique,
L'Art de tromper les yeux par les couleurs,
L'Art plus heureux de ſéduire les cœurs,
De cent plaiſirs font un plaiſir unique.
Il va ſifler le Jaſon de Rouſſeau,
Ou malgré lui court admirer Ramau.
Allons ſouper; que ces brillans ſervices,
Que ces ragoûts ont pour moi de délices!
Qu'un Cuiſinier eſt un mortel divin!
Eglé, Cloris, me verſent de leur main
Un Vin d'Aï, dont la mouſſe preſſée,
De la Bouteille avec force élancée,
Comme un éclair fait voler ſon bouchon;
Il part, on rit, il frappe le plat-fond.
De ce Vin frais l'écume pétillante,
De nos François eſt l'image brillante,
Le lendemain donne d'autres deſirs,
D'autres ſoupers, & de nouveaux plaiſirs.
Or maintenant, Mentor & Télémaque,
Vantez-nous bien votre petite Itaque,
Votre Salente, & ces murs malheureux,
Où vos Crétois triſtement vertueux,
Pauvres d'effet, & riches d'abſtinence,
Manquent de tout pour avoir l'abondance.
J'admire fort votre ſtile flateur,
Et votre proſe, encor qu'un peu traînante;
Mais,

Mais, mon Ami, je consens de grand cœur,
D'être fessé dans vos murs de Salente,
Si je vais là pour chercher mon bonheur.
Et vous, Jardin de ce premier bon homme,
Jardin fameux par Eve & par sa Pomme,
C'est bien en vain que tristement séduits,
Huet, Calmet, dans leur savante audace,
Du Paradis ont recherché la place;
Le Paradis terrestre est où je suis.

LETTRE

*De M. de Genonville, à M. le Comte de P**.*

VOus qu'Amour n'embrasa jamais
Que d'une ardeur folle & legere,
Qui de sa faveur passagere,
Vous fit trop paier les attraits.
* Au Païs de la Synagogue
Vous avez bien changé de ton :
Vous parlés comme Céladon,
Et votre lettre est une Eclogue,
Digne des rives du Lignon.
Déja ce nouveau zèle éclate ;
† As-tu cru que le desespoir
Me fit échaper à l'ingrate,
Eh ! n'est ce rien que de la voir ?
Quoi de mon printems qui commence,
Perdrois-je, ainsi le plus beau jour
A gemir des maux de l'absence,
A soupirer pour le retour ?
Laisse moi, Sagesse sévere,

Loin

* La personne à qui cette Lettre est écrite étoit alors à Metz

† Pour entendre cela il faut supposer que M. le Comte de P**. avoit prêché la constance à son ami.

Loin de moi porter la lumiére,
Qu'épand ton lugubre flambeau.
Pour mieux nous cacher nos disgraces,
Le Dieu dont j'ai suivi les traces
A nos yeux prête son bandeau.
Qu'il regle encor mes destinées,
Qu'il m'inspire encor mes chansons!
Pour mes dernieres années,
Vous aurés d'utiles leçons.
Ovide banni d'Italie,
Par le maitre de l'Univers,
Mais toujours amant de Julie,
Soupire ses plus tendres vers.
Et sans qu'il arme son courage,
Contre le sort & ses rigueurs;
Pour lui dans ce climat sauvage,
Amour qu'il a chanté séra naître des fleurs.
Arbitre de délicatesse,
Maître habile en l'art du plaisir,
Petrone au Tyran qui le presse
Accordera-t-il un soupir?
Non, comme au sein de la molesse,
Il semble gouter le repos.
Héros que forma la sagesse
Sçutes vous mieux braver les maux?

Comme eux auprès d'une maitresse,

Brave le ſort moins irrité :
De cette coupe enchantereſſe,
Goute à longs traits la volupté ;
Et tant que durera l'ivreſſe,
Laiſſe ignorer à ta jeuneſſe,
Si c'eſt erreur ou vérité.

Heureux ! ſi la Coquéterie,
Les ſoupçons, du repos enfans ſéditieux,
De cette chaîne qui vous lie,
Ne viennent point rompre les nœuds.
Puiſſe à jamais la jalouſie,
S'éloigner de vos tendres jeux !
Que ſa beauté toujours fleurie,
Faſſe le plaiſir de tes yeux,
Et ton amour le bonheur de ſa vie.

EPIGRAMME

De M. de Caux contre le Poëte Pirrhon.

QUand Timandre à Paris entonna la trompette,
Des rimeurs tels que toi le foible eſſain trembla ;
Dijon au bruit de ſa muſette,

D'ap-

D'applaudissemens le combla,
Et Beaune en fut si satisfaite,
Qu'elle vint en ses mains remettre une houlette
Faite du bois qui t'étrilla.

Réponse de Pirrhon.

Foin de votre trompette & de mon flageolet,
Je donnerois pour rien mon payement & la votre.
J'eus des coups de bâton, vous de coups de sifflet:
Le premier aux rimeurs fait plus d'honneur que l'autre.

EPITRE.

A MADAME DE ***.

Tu veux donc belle Uranie,
Qu'érigé par ton ordre en Lucrece nouveau,
Devant toi d'une main hardie
A la Religion j'arrache le bandeau;
Que j'expose à tes yeux le dangereux tableau

Des Mensonges sacrez dont la Terre est
remplie,
Et que ma Philosophie,
T'appréne à mépriser les horreurs du
tombeau,
Et les terreurs de l'autre vïe.
Ne crois point qu'enyvré des erreurs de
mes sens,
De ma Religion blasphemateur pro-
phane,
Je veuille avec dépit dans mes égaremens
Détruire en libertin la loi qui les con-
damne.
Examinateur scrupuleux,
Je pretends pénetrer d'un pas respec-
tueux,
Au plus profond du Sanctuaire
Du Dieu mort sur la croix que l'Euro-
pe revere.
L'horreur d'une effroyable nuit
Semble cacher son temple à mon œuil té-
méraire:
Mais la raison qui m'y conduit,
Fait marcher devant moi son flambeau
qui m'éclaire.
Les Prétres de ce temple avec un ton
sévere,
M'offrent d'abord un Dieu que je devrois
haïr. Un

Un Dieu qui nous forma pour être miſé-
rables,
Qui nous donna des cœurs coupables
Pour avoir droit de nous punir ;
Qui nous créa d'abord à lui-même ſem-
blables
Afin de nous mieux avilir,
Et nous faire à jamais ſouffrir,
Des tourmens plus épouventables.
Sa main créoit à peine une ame à ſon
image,
On l'en vit ſoudain repentir,
Comme ſi l'ouvrier n'avoit pas dû ſentir
Les défauts de ſon propre ouvrage,
Et ſagement les prevenir.
Bientôt ſa fureur meurtriere
Du monde épouvanté frappant les fonde-
mens,
Dans un deluge d'eau détruit en même
tems,
Les ſacrileges habitans,
Qui rempliſſoient la terre entiere
De leurs honteux de reglemens.
Sans doute on le verra par d'heureux
changemens,
Sous un Ciel épuré redonner la lumiére
A de nouveaux humains, à des cœurs
innocens,

De

De ſa lente ſageſſe éternels monumens!
Non, il tire de la pouſſiere,
Un nouveau peuple de Titans,
Une race livrée à ſes emportemens
Plus coupable que la premiére.
Que féra-t-il! quels foudres éclatans,
Vont ſur ces malheureux lancer ſes mains ſéveres?
Va-t-il dans le cahos plonger les élemens?
Ecoutez, ô prodige, ô tendreſſe, ô miſtere!
Il venoit de noier le pere,
Il va mourir pour les enfans.

Il eſt un peuple obſcur, imbecille, volage,
Amateur inſenſé des ſuperſtitions,
Vaincu par ſes voiſins, rampant dans l'eſclavage,
Et l'éternel mépris des autres nations:
Le fils de Dieu, Dieu même oubliant ſa puiſſance,
Se fait concitoien de ce peuple odieux,
Dans les flancs d'une Juive il vient prendre naiſſance,
Il rampe ſous ſa mere, il ſouffre ſous ſes yeux
Les infirmitez de l'enfance.

Long-

Longtems vil ouvrier, un rabot à la main
Ses beaux jours ſont perdus dans ce lache
exercice.
Il preche enfin trois ans le peuple Idu-
méen,
Et périt du dernier ſupplice.
Son ſang du moins, ce ſang d'un Dieu
mourant pour nous,
N'étoit-il pas d'un prix aſſez noble, aſſez
rare,
Pour ſuffire à parer les coups,
Que l'Enfer jaloux nous prépare?
Quoi! Dieu voulut mourir pour le ſalut
de tous,
Et ſon trepas eſt inutile?
Quoi! l'on me vantera ſa clémence facile
Quand remontant au Ciel il reprend ſon
courroux?
Quand ſa main nous replonge aux éter-
nels abimes,
Et que par ſes fureurs effaçant ſes bienfaits
Aiant verſé ſon ſang pour expier nos cri-
mes,
Il nous punit de ceux que nous n'avons
pas faits!
Ce Dieu pourſuit encore, aveugle en ſa
colere,
Sur les derniers enfans l'erreur du premier
pere;
Il

Il redemande compte à cent peuples divers,
Aſſis dans la nuit du menſonge,
De ces obſcuritez, où lui même il les plonge:
Lui qui vient, nous dit-on, éclairer l'Univers.
Amerique, vaſtes contrées,
Peuples que Dieu fit naitre aux portes du Soleil,
Vous Nations Hyperborées,
Vous que l'erreur nourrit dans un profond ſommeil,
Vous ſerez donc un jour à ſa fureur livrées!
Pour n'avoit pas ſçu qu'autrefois,
Dans un autre Hémiſphere aux plaines Idumées,
Le fils d'un Charpentier expira ſous la croix.
Non, je ne connois point à cette indigne image,
Le Dieu que je dois adorer.
Je croirois le deshonorer,
Par un ſi criminel hommage.
Entends, Dieu que j'implore, entends du haut des Cieux,
Ma voye pitoyable & ſincere.
Mon incredulité ne doit point te déplaire,

Mon

Mon cœur eſt ouvert à tes yeux,
On te fait un tiran, je cherche en toi mon pere,
Je ne ſuis point Chrêtien, mais c'eſt pour t'aimer mieux.

Ciel, ô Ciel! quel objet vient s'offrir à ma vue!
Je reconnois le Chriſt puiſſant & glorieux,
Auprès de lui dans une nue,
Sa croix ſe préſente à mes yeux;
Sous ſes pieds triomphants la mort eſt abbatue,
Des portes de l'Enfer il ſort victorieux,
Son regne eſt annoncé par la voix des Oracles,
Son thrône eſt cimenté par le ſang des Martirs,
Tous les pas de ſes Saints ſont autant de miracles,
Il leur promet des biens plus grands que leurs deſirs;
Ses exemples ſont ſaints; ſa morale eſt divine,
Il conſole en ſecret les cœurs qu'il illumine,
Dans les plus grands malheurs, il nous offre un appui;
Et ſi ſur l'impoſture il fonde ſa doctrine,
C'eſt un bonheur encor d'être trompé par lui.

En-

Entre ces deux portraits incertaine Uranie,
C'eſt à toi de chercher l'obſcure vérité,
A toi que la Nature honora d'un génie,
Qui ſeul égale ta beauté.
Songe que du Très haut la ſageſſe immortelle
A gravé de ſa main dans le fonds de ton (cœur
La Religion naturelle;
Crois que ta bonne foi, ta bonté, ta douceur
Ne ſont point les objets de la haine éter- (nelle.
Crois que devant ſon thrône en tout tems, en tous lieux,
Le cœur du juſte eſt précieux.
Crois qu'un Bonze modeſte, un Dervis charitable,
Trouvent plutôt grace à ſes yeux,
Qu'un Janſeniſte impitoyable,
Ou qu'un Jéſuite ambitieux.
Et qu'importe en effet ſous quel titre on l'implore.
Tout homme le reçoit, mais aucun ne (l'honore?
Ce Dieu n'a pas beſoin de nos vœux aſſidus,
Si l'on peut l'offenſer, c'eſt par des injuſtices,
Il nous juge ſur nos vertus,
Et non par nos ſacrifices.

DIA-

DIALOGUE

Entre les Peres le Tellier, la Rue, & la Ferté, Jésuites.

DImanche au ſortir de la Meſſe,
Le grand Inquiſiteur de la Mai-
ſon Profeſſe,
Voyant la Rue & la Ferté,
Court vers eux, & tout tranſporté,
Ridant le front, allongeant le viſage,
Leur tint à peu près ce langage.
Mes Peres, certain bruit ſe repand dans
Paris,
Qu'en plus d'un lieu vos Révérences
De nos trois bons amis traitent les Or-
donnances,
Avec un ſouverain mépris.
Ces Prélats, il eſt vrai, ne ſont pas grands
Eſprits,
Mais il ſuffit qu'ils aient pris,
Par une aveugle obéiſſance,
Notre juſte parti contre ſon Eminence.
Toutefois hardiment vous prenés ſa de-
fence
Contre notre Société.
N'abuſés pas de ma bonté,
Ne pouſſés pas ma patience,

A la derniere extremité.
Rien ne s'oppoſe à ma puiſſance.
Dans le poſte où je ſuis je peux ce que je veux, (tous deux:
Et pourrois bien ..... vous m'entendés
Mon Pere que votre naiſſance,
Dit le Tellier à la Ferté;
Vos talens & votre Eloquence
N'enflent point votre Réverence.
J'eſtime peu la qualité:
Mais j'eſtime l'obéiſſance.
Croiés moi, gardés le ſilence
Sur Gap, la Rochelle, & Luçon.
Et mettez à profit cette utile leçon.
A notre crédit rien n'échape:
Vous ſavez comme on a traité
A Macao le Député
De notre St. Pere le Pape.
C'eſt un coup éclatant, dont le ſeul ſouvenir
Féra trembler tout l'avenir.
Toute la Terre en ſait l'Hiſtoire.
Ainſi ſi vous voulés m'en croire
Changés de langage & de ton:
Que le Cardinal de Tournon.
Soit pour vous un exemple à craindre.
Je vous trouverois fort à plaindre,
Si vous oſiez, pour plaire au Prélat de Paris

Eprou-

Éprouver ce que peut un corps comme
le notre.
Ne mettez pas à ſi haut prix
L'inutile faveur de ce nouvel Apôtre,
Vous pourriés vous y trouver pris.
Et vous du célébre Virgile,
S'adreſſant à la Rue, obſcur commentateur,
Qui vous croiés de l'Evangile
Le plus ſavant Prédicateur,
Rabattés votre vaine gloire.
Oui notre Maitre Chamillard, (d'art,
Mille fois plus que vous a de fineſſe &
D'agrémens, d'eſprit, de mémoire.
Dans Orléans le Carême paſſé,
Il a, m'a-t-on dit terraſſé
Tous les précheurs de l'Oratoire
Et fait ſur leurs débris élever Molina.
Mais laiſſons cette affaire là
Et revenons à vous, par quelle hardieſſe,
Dans vos Sermons parlerés vous ſans
ceſſe
Du pouvoir de Dieu ſur les cœurs?
Il me ſouvient qu'à St. Euſtache,
Vous preniez tous les jours à tâche,
De prouver à vos Auditeurs,
Que l'homme eſt toujours ſourd, quoi
qu'on diſe & qu'on faſſe, (grace
Si Dieu ne parle au cœur par la voix de la

 Oh!

Oh! ſi pour lors, comme aujourd'hui,
J'euſſe occupé l'auguſte place,
Ou la Chaiſe regnoit, j'aurois mieux fait que lui: (taire.
Je vous aurois apris à l'inſtant à vous
Et fait du même jour interdire la chaire.
A ces mots emportés, le Tellier tout en feu
Voulut ſe repoſer un peu.
Mon Pere, repondit la Rue,
Le monde aujourd'hui n'eſt plus grue.
En vérité de tels Prélats
Font peu d'honneur à notre cauſe,
Leur demérite nous expoſe
A mille fâcheux embaras.
On connoit de Chamfleur la profonde ignorance,
Du Prélat de Luçon la vaſte inſufiſance;
Pour notre Maliſſole, hélas!
Le public mépriſant en fait ſi peu de cas,
Qu'il eſt tout étonné de le voir ſur la Scene:
Il étoit juſqu'ici demeure ſi caché,
Que les plus curieux à peine
Savoient qu'il eut un Evêché.
C'eſt dans l'Egliſe un Allobroge,
Qui ne ſait ni Grec, ni Latin,
Et n'a pour tout François que ſçu mettre ſon ſein,
Au bas d'un écrit de Doucin.
Voilà de vos amis le magnifique éloge.

Au-

Au-lieu que le digne Prélat,
Cause innocente du Débat,
Le sage, le pieux Noailles,
A pour lui contre tous la voix de ses ouailles.
Mais grace aux trois Prélats & leurs savans écrits,
Sur le mistère de la grace,
Dont la profondeur les surpasse,
Nous sommes l'objet du mépris
De la plus vile populace.
La Faculté d'Anopolis,
Où pour preuve de leur science,
Nos amis ont fait leur Licence,
De ces écrivains si polis
A turlupiné l'Ordonnance.
Venons à nos Sermons, c'est assez parler d'eux.
Osérai-je par complaisance
Pour votre Révérence,
Précher ce dogme monstrueux,
Que l'homme peut sortir du vice
Par sa liberté seule & sa propre justice?
Que la grace qui nous rend Saints,
N'est que l'ouvrage de nos mains?
Que l'homme toujours foible, impuissant à bien faire,
S'éleve jusqu'au Ciel, guérit seul sa misére;
Qu'il prévient seul la grace & seul guide son cours.

Dresse ses pas vers Dieu, sans son divin
secours?
En un mot qu'il peut par lui-même,
Arriver au bonheur suprême. (me
C'est un dogme que Paul a frapé d'anathê-
Dans cet édifice sacré (telles.
Que Dieu bâtit au Ciel de pierres immor-
Les pierres peuvent-elles
Se placer à leur gré? (jours sainte
Et n'est-ce pas l'ouvrier dont la main tou-
Les taille, les choisit pour son divin pa-
lais, (enceinte,
Les place comme il veut dans sa superbe
Pour y demeurer à jamais?
Ce suprême artisan, d'une main qui se joue,
Fait cent vases divers pris d'une même
boue: (parts
L'un sur un Trône assis brillant de toutes
Du spectateur surpris attire les regards:
L'autre pris de la même masse,
Avec honte paroît dans la plus vile place:
Nul n'ose toutefois accuser ses desseins,
Dans l'inégalité des œuvres de ses mains:
Tous savent qu'il est Dieu, que son pou-
voir auguste (de juste.
Faisant tout ce qu'il veut ne fait rien que
Voilà ce qu'avant moi le grand Paul a pré-
ché, (chaire
Et que j'ose aujourd'hui bégayer dans la
Heu-

Heureux ſi j'en étois moi même bien
touché :
Si c'eſt là mon Révérend Pere (ché,
Un crime, une héréſie, un malheur, un pé-
Je ſuis criminel, hérétique,
Malheureux pêcheur endurci....
A peine achevoit il, que, comme un fré-
netique,
Le Tellier pouſſe en l'air un effroyable cri.
Quoi dit-il, écumant de rage & de colere,
J'aurai de Port Royal détruit le monaſtere
De l'hérétique Arnaud foudroyé les é-
crits, (Rochelle,
Fait condamner Queſnel par Gap & la
Malgré le Beat de Paris !
Secondé de Luçon plein d'ardeur, plein
de zèle,
Aidé de Martineau, ſoutenu de Dervain,
Dont l'éloquence eſt reſpectable,
J'aurai découvert le venin, (nable,
Que depuis quaranre ans ce livre abomi-
Sans qu'on l'ait aperçu, nourriſſoit dans
ſon ſein ! (niſme,
Et qui ſauroit ſans moi que le pur Janſe-
Pire cent fois que l'Athéiſme,
Dans ces reflections dont maint ſot eſt
touché, (caché ?
Sous des déhors pieux en cent lieux eſt
Sans cette heureuſe découverte.

Les Chrétiens abuſés couroient tous à
leur perte: (ignorans
Tant il eſt vrai que Dieu découvre aux
Des miſtères qu'il cache aux yeux des plus
ſavans! (ce
Après ce que j'ai dit peut on avoir l'auda-
De venir précher que la grace
Eſt néceſſaire, invincible, efficace?
Que Dieu quand il lui plait, peut d'un
cœur revolté
Par ſon ſoufle divin changer la volonte?
Qu'aiant terraſſé Paul, quand il veut il
terraſſe
Le vain orgueuil du cœur humain?
Qu'il tient tous nos cœurs en ſa main,
Qu'il en eſt le ſouverain maitre,
Qu'il nous choiſit avant de naitre,
Que par un pur effort de ſa tendre amitié,
De l'un il a pitié, (tre?
Tandis que par juſtice il abandonne l'au-
Je ſai bien que certain Apôtre
En ſon tems tenoit tels diſcours.
Mais dans un tems comme le notre
Il pourroit à Quimper aller finir ſes jours,
S'il tenoit ce même langage.
Oui, j'en jure par Loyola.
Jugés après cela,
A quoi ce grand ſerment m'engage.
Il en auroit dit davantage,

Si

Si le bon Pere la Ferté
N'eut d'un air doux, modeſte & ſage
Interrompu cet emporté.
Pardonnés moi ma liberté,
Dit il au fougeux perſonnage. (Calvin,
Souvent en voulant fuir les dogmes de
On tombe dans ceux de Pélage.
Pour ne point s'égarer, ſuivons Saint Au-
guſtin.
Saint Auguſtin! reprit le Tellier en furie,
Bon Dieu mélez vous, je vous prie,
D'aller aprendre vos Sermons.
Vous avez oublié, je penſe (Mons,
Comment, en foudroiant le Teſtament de
Paul, Auguſtin, Proſper, Fulgence,
Et tous ces autres vains Auteurs, (ce
Que de Janſénius la malheureuſe engean-
Qualifioit Docteurs,
Lapuis de ces vieilles erreurs,
Ont été degradés comme des ſeducteurs,
Allez precher aux harangueurs,
La foible autorité des Peres:
Ce n'en eſt pas une pour moi,
Ils ne ſont pas la regle de ma foi;
Ils ont été ce que nous ſommes
Ils ont peu ſe tromper comme les autres
hommes,
Et ſe ſont trompez fort ſouvent.
Autant en emporte le vent.

A cet effroyable langage,
Plein d'horreur & d'impiété,
Hé, quoi repliqua la Ferté,
N'eſt ce pas eux qui d'âge en age,
Ont porté juſqu'à nous ſans ombre & ſans
nuage,
Le grand Jour de la verité?
Pour démaſquer la fauſſeté
De l'héréſie encor naiſſante,
Les Peres aſſemblez à Trente, (prunté
De Paul & d'Auguſtin n'ont ils point em-
L'inébranlable autorité?
On ils dit que la Liberté,
Eſtoit maitreſſe de la Grace,
Qu'elle la rendoit à ſon gré,
Tantôt inſuffiſante & tantôt efficace?
Ils ont dit ce qu'ils ont voulu,
Interrompit Tellier, d'un ton fier, reſolu;
De leur autorité c'eſt envain qu'on ſe
pare:
Je ſoutiens moi que l'efficacité,
Depend de notre volonté;
Ajoutez s'il vous plait, replique la Ferte,
Que c'eſt Dieu qui nous la prépare,
Et que ſans lui la volonte s'égare.
Se porte au mal, loin de courir au bien,
Sans la Grace l'homme n'eſt rien,
Ce n'eſt qu'un aveugle ſans guide,
Un cheval ſans mors & ſans bride,
Un

Un vaiſſeau ſans pilotte à la merci des
vents,
Tous ſes efforts ſans lui ſont impuiſſans.
Une ame abandonnée à ſa propre foi-
bleſſe,
Chancelle, s'égare, ſe bleſſe
Et fait autant de chutes que de pas.
A tout moment le pied lui gliſſe,
Et tombe dans le précipice.
C'eſt ce qu'en cent endroits enſeigne St.
Thomas; (autre
Ma foi dit le Tellier, en voici bien d'un
Vous croiez donc que je fais plus de cas
D'un Jacobin que d'un Apôtre?
Ah! la plaiſante autorité.
Plaiſante! reprit la Ferté?
Le ſage fondateur de la Societé,
N'avoit pas l'humeur ſi chagrine,
Lui qui par un decret par nous peu re-
ſpecté, (doctrine.
Veut que nos Profeſſeurs enſeignent ſa
Mais ſans nous écarter dans ces digreſ-
Que repondre aux expreſſions, (ſions,
Dont ſe ſert le divin Apôtre?
Lorſqu'il a dit pour montrer aux Romains
Que c'eſt Dieu ſeul qui tient notre cœur
en ſes mains,
Qu'il prend l'un & qu'il laiſſe l'autre?
Qui pourra ſe plaindre de Dieu?

Ajou-

Ajoute-t-il au même lieu,
Si pour faire voir ſa puiſſance,
Et ſa juſte indignation,
Il ſuporte avec patience
Des vaſes préparés pour la perdition.
Eh! pourquoi? pour faire paroitre,
Les treſors de ſa Grace en ceux qu'il a choiſis
Longtems même avant que de naître,
Pour regner ſur le trône où lui-même eſt aſſis.
A cette terrible parolle, (Maliſſolle,
Que repondront Chamfleur, Leſcure &
Et ſi vous le voulés auſſi,
Fleuriau, Bargedes, Chaulnes, Madet, Biſſy
Et les ſoixante bonnes têtes,
Si l'on en croit Bouchard, au moindre coup d'œuil prêtes,
A foudroyer Quenel & ſes aprobateurs,
Deux cens Prélats, & cinq Docteurs.
Encore un mot, quand Paul, dans l'Egliſe naiſſante
Porta la guerre & la terreur,
Les compagnons de ſa fureur,
Sentoient ils au fond de leur cœur,
L'heureureuſe impreſſion de cette voix puiſſante, (teur
Qui n'apellant que lui fit d'un perſecu-

Un

Un vafe plein de grace, un Apôtre, un
Pafteur ?
Et dans l'égarement funefte,
Ne retirant que Paul, y laiffa le tour refte.
De fes jugemens fouverains,
Faut-il que Dieu nous rende compte ?
Rougiffons vous & moi de honte
D'être fi foibles & fi vains. (fie,
A parler franchement c'eft toute l'hére-
Que nous avons l'art y trouver,
Mais il d'agit de la prouver,
Et le public nous en défie.
La feule chofe en quoi Quenel,
Sans contredit eft criminel,
C'eft de n'avoir pas dit que quelqu'on de
nos Peres,
Fut l'Auteur de fes commentaires.
Nous aurions tous en profe, en vers
D'un livre aujourd'hui fi pervers
Fait un éloge magnifique.
Il ne ferois plus tel qu'il eft,
L'ouvrage feroit Canonique,
Car nous favons quand il nous plaît,
Changer un Saint en Hérétique,
Et notre adroite Politique,
Sçait à la vérité préférer l'interêt.
Eh! quoi Quenel aura pour lui la voix
publique,
Pour lui feul chez Pralard on courra tous
les jours, Tan-

Tandis que chez Joſſe Bouhours.
Depuis plus de vingt ans gardera la bou-
tique, (reclus,
Au fond d'un Magazin, plus triſte & plus
Que Virginie & Regulus?
Ne ſouffrons point un tel outrage,
Si l'Auteur nous échape, écraſons ſon
ouvrage,
Mais n'allons pas étourdiment, (ment
Oppoſer à Quenel ce nouveau Teſta-
Dont on voit déja dans les rues
Cinq ou ſix feuilles repandues.
Intriguons nous beaucoup, mais auſſi par-
lons peu,
Et ſurtout gardons nous d'écrire.
On voit que le public par notre propre
aveu,
Ne s'empreſſe guére à nous lire.
Une Lettre de Phelipeaux,
Vaut cent fois mieux que nos Ouvrages,
Dont les ſouris rongent les pages,
Comme du Teſtament de Meaux,
Dont le ſtile ennuyeux rebute.
Les lettres de cachet abrégent la diſpute.
Envoyons les à Quimpercorantin,
Commenter leur St. Auguſtin: (thode,
On pour mieux pratiquer la nouvelle me-
Dont on vient d'inventer la mode,
Au lieu d'écouter leurs raiſons,

Dont

Dont la force entre nous, ſouvent nous
incommode,
Faites abattre leurs maiſons.
Car naiſſant tous le caſque en tête,
Il nous ſeroit honteux, que pour toute
conquête, (ſérable lieu,
Nous n'euſſions fait raſer qu'un mi-
Qui tout au plus n'étoit ſoutenu que de
Dieu.
Noailles ne vous aime guére,
Il eſt de Port-Royal le ſecret Protecteur,
Et quoiqu'il en faſſe un miſtere,
Janſeniſte au fond du cœur.
Le bon coup! ſi nous pouvions faire,
De ſon palais Archiépiſcopal,
Ce qu'on a fait de Port-Royal.
Il eſt vrai, le deſſein eſt un peu témeraire,
Mais eſt-ce le premier que la Societé,
Auroit heureuſement tenté?
Dût elle ſervir de victime
Au Parlement entier, contre nous tout
porté:
Jouvenci féra voir à la poſterité,
Que ſouvent ce n'eſt pas un crime,
Qu'une heureuſe temerité:
A ce diſcours railleur le Pere le Tellier,
Etoit ſur la Ferté tout prêt à s'élancer,
Quand le portier vint annoncer,
Qu'une Cohue Epiſcopale,

At-

Attend depuis un fort longtems,
Le Réverend dans la grand' ſale,
Pour corriger cinq ou ſix Mandemens,
Que ces Meſſeigneurs ont fait faire,
Par le plus docte Secretaire
Du Charnier des Saints Innocents.
A cette agréable nouvelle,
Le Tellier reprend tous ſes ſens,
Et quoiqu'encore en feu, met fin à la querelle,
S'ajuſte, ſe compoſe part,
Avec l'air & la bonne grace,
D'un Régent qui ſort de la Claſſe,
Et lance aux deux reſtans un ſiniſtre regard,
Dont le couple aguerri mépriſe la menace.
Puis ſe radouciſſant dit d'un ton goguenard,
Je parts vendredi, pour Verſailles,
C'eſt là que l'on décidera,
Sur un tel fait qui cedera,
Ou de Tellier, ou de Noailles.

FIN.

www.ingramcontent.com/pod-product-compliance
Ingram Content Group UK Ltd.
Pitfield, Milton Keynes, MK11 3LW, UK
UKHW020246180726
13839UKWH00001B/211